CONSTANTINOS C. MARKIDES

DISRUPÇÃO

O NOVO NORMAL

COMO PREPARAR SUA EMPRESA PARA ESTA JORNADA

Tradução
UBK Publishing House

ubook UBK Publishing House

Publicado mediante acordo com Kogan Page. Edição traduzida do livro *Organizing for the New Normal: repare Your Company for the Journey of Continuous Disruption* publicado por Kogan Page Limited.

ubook UbK
Publishing House

EDIÇÃO Fernanda Barreto
COPIDESQUE Eduarda Rimi
REVISÃO Vivian Sbravatti e Fernanda Lutfi
CAPA Clarissa Duarte
DIAGRAMAÇÃO Cristiano Marques

Dados Internacionais de Catalogação na Publicação (CIP)
(Câmara Brasileira do Livro, SP, Brasil)

Markides, Constantinos C.
Disrupção: o novo normal : como preparar sua empresa para esta jornada / Constantinos C. Markides ; [tradução UBK Publishing House]. -- Rio de Janeiro : Ubook Editora, 2022.

Título original: Organizing for the new normal

ISBN 978-85-9556-240-0

1. Mudança organizacional 2. Tecnologia disruptiva I. Título.

22-133131 CDD-658.4062

Índices para catálogo sistemático:
1. Tecnologia e inovação : Gestão : Administração de empresas 658.4062
Eliete Marques da Silva - Bibliotecária - CRB-8/9380

Ubook Editora S.A
Av. das Américas, 500, Bloco 12, Salas 303/304,
Barra da Tijuca, Rio de Janeiro/RJ.
Cep.: 22.640-100
Tel.: (21) 3570-8150

Sumário

01

Surfando nas ondas da disrupção

Sabe-se que a transformação da Microsoft entre 2014 e 2020 foi dramática e impressionante. Sob a liderança de Satya Nadella, que assumiu o cargo de CEO em fevereiro de 2014, a empresa se transformou de uma vendedora de pacotes de software — como o Windows e seu conjunto de aplicativos Office — em uma gigante poderosa dos serviços em nuvem, alugando armazenamento e poder de processamento online para empresas. Em 2020, a Microsoft tinha mais faturamento vindo do serviço em nuvem do que o Google, e sua participação de 17% no mercado de infraestrutura em nuvem era maior do que a participação de mercado da IBM, do Alibaba e do Google combinados (embora ainda estivesse atrás dos 32% de participação da Amazon). Outra grande mudança foi abandonar as vendas do conjunto de aplicativos comerciais — Word, Excel e PowerPoint — para alugá-los a clientes que pagariam uma taxa de licença anual. A empresa agora conta com mais de duzentos milhões de assinantes.

No entanto, a transformação não foi tranquila. Ela exigiu cortes radicais no financiamento de projetos do Windows e baseados em Windows a fim de financiar a mudança para o serviço em nuvem. Também foi preciso desistir de investimentos que não se encaixavam na nova visão — por exemplo, em 2015 a empresa abriu mão de 7,6 bilhões de dólares que viriam da aquisição da Nokia. Mais importante ainda, a transformação exigiu uma mudança fundamental na cultura da Microsoft, afastando-se de tudo que vinha sendo construído em torno do Windows para se aproximar de um mundo no qual o Windows seria apenas um cliente entre muitos e no qual a empresa direcionaria seus serviços para o iPhone, o Android e o Mac.

Não há dúvida de que a transformação da Microsoft foi, até agora, um sucesso. O preço das ações subiu mais de 200% em um período de seis anos a partir de 2014 e sua capitalização de mercado ultrapassou um trilhão de dólares em 25 de abril de 2019. É impressionante, de fato, mas o desafio para a Microsoft era o seguinte: mesmo tendo acabado de passar pela agitação de uma grande transformação, a empresa mal teve tempo para respirar ou cantar vitória. É preciso continuar no caminho da mudança radical contínua e pode até mesmo ter que embarcar em mais uma grande transformação. A razão é bastante simples. Novas e ainda mais radicais disrupções — como realidade virtual, inteligência artificial (IA), aprendizado de máquina, robótica, biologia sintética, nanomateriais, *big data* e novos modelos de negócios — estão impactando muitas empresas e mudando tudo ao longo do caminho. A Microsoft não ficará imune, e isso implica que a organização deve encontrar maneiras de "responder" a essas disrupções; não apenas ficando na defensiva, mas também as explorando de maneira criativa. Imagine como algo assim deve ser desafiador para um líder como Nadella, que acabou de passar pelo doloroso processo de renovação de sua empresa. Justamente quando ele "completou" uma grande jornada de transformação e talvez esteja pensando que está na hora de a empresa descansar um pouco, ele precisa reunir as tropas mais uma vez para mais mudanças e mais agitação.

Em sua defesa, Nadella parece estar plenamente consciente disso. Em uma entrevista em maio de 2019, ele apontou: "Na Microsoft, temos o péssimo hábito de não nos esforçar por estarmos muito satisfeitos com o sucesso alcançado. Estamos aprendendo a não olhar para o passado."[1] No entanto, ainda que ele reconheça a necessidade de não se acomodar com as conquistas, a pergunta que deve estar fazendo a si mesmo é o que exatamente precisa fazer agora e como fazê-lo. Nadella não sabe qual das muitas disrupções que giram em torno da Microsoft vai crescer ou exigir mais atenção, não sabe de que forma a disrupção vai atingi-los e não sabe quando ela chegará. Mas de alguma forma ele precisa preparar a empresa tanto organizacional quanto emocionalmente para embarcar em uma jornada rumo ao desconhecido. Novamente, a questão é: como ele pode fazer isso?

O que tem de único nesse desafio

A necessidade de renovar periodicamente uma empresa não é novidade. Como mostra a Figura 1.1, toda empresa passa por um ciclo de vida: o nascimento é seguido de um crescimento rápido que, por sua vez, é seguido pela maturidade. O declínio é inevitável, a menos que os líderes intervenham e renovem a empresa, movendo-a para uma nova curva de crescimento. Foi exatamente isso que Nadella fez ao mover a Microsoft para o serviço de computação em nuvem. A renovação pode sustentar a empresa por muitos anos, mas não vai durar para sempre. A certa altura, a maturidade se instalará e a necessidade de renovação surgirá mais uma vez. Portanto, o rejuvenescimento das empresas em declínio faz parte dos esforços da liderança desde sempre.

Figura 1.1 A renovação periódica é necessária

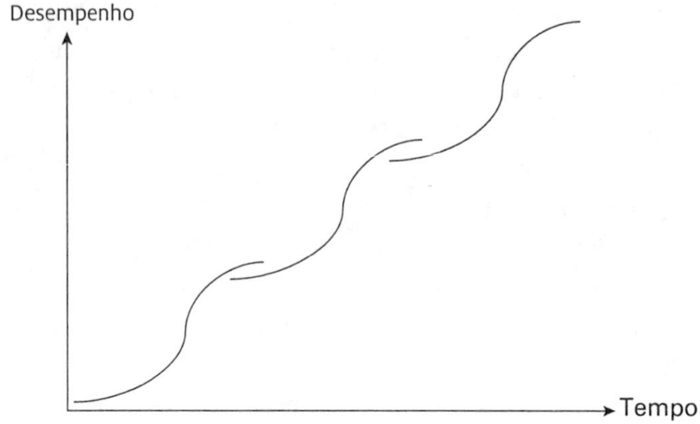

No entanto, agora há uma diferença. No mundo de hoje, tudo parece acontecer muito mais rápido. Por exemplo, considere os dados da Tabela 1.1. Há um século, foram necessários mais de 60 anos para que produtos como linhas aéreas ou automóveis chegassem a 50 milhões de usuários. Em contraste, na virada deste século, levou menos de cinco anos para que produtos como o YouTube e o Facebook alcançassem o mesmo número de usuários; apenas um indicativo de que a mudança está acontecendo em um ritmo acelerado ou mesmo exponencial. A implicação foi bem resumida na revista *Nature*: "Muitas coisas de que a sociedade agora faz pouco caso teriam sido um absurdo futurista há apenas algumas décadas. Podemos pesquisar em bilhões de páginas, imagens e vídeos na internet; celulares se tornaram onipresentes; bilhões de sensores inteligentes conectados monitoram tudo em tempo real, desde o estado do planeta até nossos batimentos cardíacos, sono e passos; e drones e satélites do tamanho de caixas de sapato vagueiam pelos céus. Se o ritmo da mudança estiver acelerando de forma exponencial, todos esses avanços poderão parecer triviais dentro de alguns anos."[2]

Tabela 1.1 Quantos anos levou para que produtos conseguissem 50 milhões de usuários

	Anos
Companhias aéreas	68
Carros	62
Telefone	50
Eletricidade	46
Cartão de crédito	28
Televisão	22
Caixa eletrônico	18
Computador	14
Celular	12
Internet	7
YouTube	4
Facebook	3
Twitter	2
WeChat	1
Pokémon Go	19 dias

Fonte: Jeff Desjardins. How long does it take to hit 50 million users? *Visual Capitalist*, 8 de junho de 2018.

O ritmo acelerado das mudanças traz uma implicação adicional e específica para as empresas. Elas não mais enfrentam as curvas de crescimento representadas na Figura 1.1. Em vez disso, estão agora enfrentando as curvas mostradas na Figura 1.2. Isso significa basicamente que, enquanto no passado as empresas podiam esperar que a renovação as sustentasse por anos a fio, agora esse não será mais o caso. Antes que tenham a chance de concluir uma renovação, é necessário embarcar em outra. Não há tempo para descansar, para admirar os esforços, ou para pensar. Como preparar uma empresa para disrupções contínuas *e* sobrepostas? Como se preparar para o que virá em seguida enquanto se conduz a transformação atual? E como convencer os funcionários "cansados" a se juntarem a você na jornada? Esse é o desafio que todo líder enfrenta, não importa o quão bem-sucedida tenha sido a transformação digital da última década.

Figura 1.2 A transformação no mundo atual

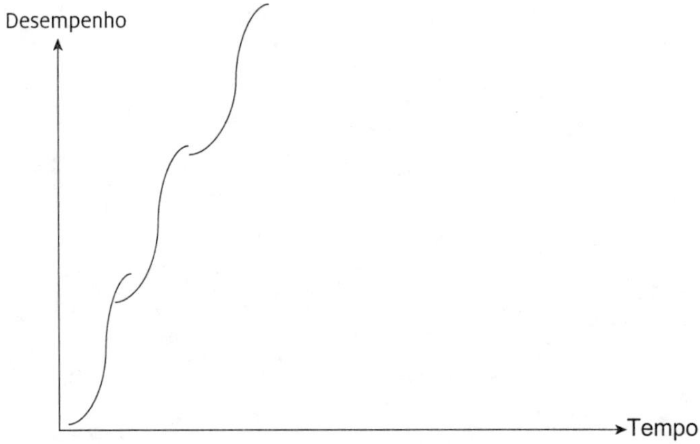

Minha própria pesquisa me alertou para a magnitude desse desafio. De 2016 a 2017, realizei uma pesquisa com 150 executivos seniores de grandes empresas estabelecidas em todo o mundo e lhes pedi que avaliassem o sucesso que tiveram ao responder à disrupção digital dos *últimos dez anos*. A maioria disse estar satisfeita e avaliou seus esforços como um "trabalho em andamento". Entretanto, quando perguntados sobre as perspectivas, sete em cada dez afirmaram estar "preocupados" ou "muito preocupados". Foram apresentadas várias razões, mas uma delas foi a percepção de que novas disrupções estavam invadindo os negócios com uma frequência crescente, exigindo atenção e recursos contínuos. O que os preocupava era tanto o desafio de colocar os funcionários de pé para mais uma batalha tão logo após a última quanto a incerteza de conseguir uma resposta às disrupções cujos efeitos e timing ainda eram desconhecidos ou pouco claros.

Instintivamente, esses executivos sabiam que a natureza da tarefa que agora enfrentam era diferente da simples preparação da empresa para responder a uma disrupção *pontual*. Considere, por exemplo, a necessidade de criar urgência para a mudança. Não há nenhum CEO no mundo que não saiba que é necessário criar um senso de urgência na empresa antes de embarcar em uma grande jornada de mudança. Esse é um conselho-padrão em qualquer livro sobre mudança ou transformação, e é uma ideia enraizada no DNA de qualquer estudante graduado em administração de empresas. Entretanto, criar urgência para uma transformação *contínua* não é, de forma alguma, o mesmo que criar urgência para uma mudança ou reestruturação radical *pontual*. Para começar, há o desafio de motivar pessoas que podem estar exauridas emocionalmente pelos esforços da jornada contínua de transformação digital. Mais importante ainda, a tarefa agora é criar não apenas um senso de urgência pontual, mas um senso de urgência "permanente" — um mal-estar constante com o status quo — que sustente a empresa para a jornada ininterrupta da mudança contínua. Velhos conceitos de mudança de nada adiantarão aqui.

Considere também as maneiras de apresentar a necessidade de (ainda mais) mudança à equipe. Todos parecem compreender que é um erro apresentar a disrupção como apenas uma ameaça da qual se proteger, pois é tanto uma ameaça quanto uma oportunidade — uma ideia mencionada por Clay Christensen em seu livro sobre inovação disruptiva, que, segundo a revista *Sloan Management Review*, é "uma entre um seleto grupo de grandes ideias administrativas com as quais a maioria dos executivos está familiarizada". De fato, em uma pesquisa com 486 CEOs globais que realizei em 2019, descobri que quase 96% acreditavam que é melhor abordar a disrupção como uma oportunidade do que como uma ameaça. O desafio, entretanto, é convencer as pessoas que estão cercadas por disrupções ameaçadoras de que não devem considerá-las como ameaças, mas como oportunidades. Racionalmente, elas concordarão com você, mas os pensamentos e sentimentos delas serão dominados pelo medo do que a disrupção pode lhes causar. É esse medo que as preocupará e guiará suas ações durante o processo. Como resultado, suas melhores tentativas de convencer as pessoas a abordar a disrupção como uma oportunidade muito provavelmente entrarão por um ouvido e sairão pelo outro, e a maioria ainda a verá como uma ameaça. Como explicarei mais tarde, isso levará a ações e respostas erradas. Portanto, é imperativo encontrar maneiras de convencer as pessoas de que as disrupções são de fato oportunidades e devem ser tratadas como tal. Mas como se faz isso? E como fazê-lo repetidas vezes?

O que este livro vai abordar

O objetivo é explorar a pergunta: "Como preparar a empresa para responder a disrupções *contínuas e sobrepostas* ou a uma disrupção após outra em um curto período de tempo?" Em outras palavras: "Como preparar a empresa para se envolver em mudanças radicais contínuas?" Como já sugeri, o desafio é complicado pelo fato de que você tem pouco tempo à disposição e já está ocupado com a transformação atual. Além disso, é provável que esteja cara a cara com uma empresa desgastada emocionalmente devido à transformação em curso. Tudo isso se soma a um desafio enorme e único que requer habilidades e estratégias diferentes daquelas que nos serviram bem no passado. Este livro vai explorar aquilo que os líderes têm que fazer a fim de conquistar o sucesso. Especificamente, vamos abordar as seguintes questões:

- Primeiro, você precisa convencer sua equipe de que as disrupções que aparecem pelo caminho não são apenas ameaças ao sucesso duramente conquistado. Sim, são ameaças, mas também oportunidades que precisam ser exploradas de forma criativa e inovadora. A maioria das pessoas afirmaria já ter ouvido esse conselho, mas infelizmente é mais fácil falar do que fazer. Sua equipe está cercada de disrupções e tudo o que veem o dia inteiro são as consequências negativas. Claro, racionalmente, podem agradecer pelos muitos benefícios que virão, talvez, em algum momento no futuro. Porém, a preocupação imediata é permanecerem vivos! A atenção estará voltada aos aspectos negativos das disrupções, e, não importa o que você diga, a equipe "ouvirá" ou "verá" apenas ameaças. Como, então, convencer as pessoas de que algo é positivo quando tudo o que veem ao seu redor é negativo? Vamos explorar essa questão no Capítulo 2.
- Segundo, é necessário criar um senso de urgência "permanente" que mantenha a equipe em um estado de alerta constante. Não é possível saber quando a próxima disrupção vai acontecer, então você tem que estar pronto sempre. Isso significa que não basta fazer alarde, pois assim se cria

um senso de urgência pontual, mas é definitivamente a maneira errada de gerar um senso positivo de mal-estar constante com o status quo. Ao mesmo tempo, a equipe está exaurida emocionalmente e cansada por conta da transformação em curso. Amedrontar as pessoas para que se mexam não vai adiantar nada. Você tem que encontrar novas maneiras de animá-las. Vamos explorar como fazer isso no Capítulo 3.

- Terceiro, você precisa incorporar os comportamentos do dia a dia que lhe permitirão não só identificar mais rápido se uma disrupção está a caminho, mas também responder a ela de forma ligeira e eficaz. Esse assunto é extenso e precisaremos de dois capítulos para compreender o que a afirmação insinua. Basta dizer que os comportamentos necessários são bem conhecidos por todos, portanto o problema não é a falta de conhecimento, mas a falta de ação: apesar de saber o que se espera delas, poucas pessoas seguem tais comportamentos. É claro que há razões para essa postura. Vamos explorar quais são essas razões e o que pode ser feito para que todos na empresa se tornem ágeis e aptos para abraçar qualquer disrupção, sempre que necessário. Esse tópico será abordado no Capítulo 4. Também vamos explorar como incorporar os comportamentos de forma *descentralizada*, por meio das ações de gerentes e líderes de equipe em toda a empresa. É uma forma muito mais eficaz e sustentável de mudar a cultura do lugar do que a forma centralizada, de cima para baixo. Esse tópico será abordado no Capítulo 5.
- Quarto, dar autonomia a gerentes intermediários e líderes de equipe e incentivar um processo de mudança descentralizado não pode ser feito sem cuidado. Deveria ser óbvio que a concessão de autonomia sem algumas restrições ou parâmetros-guia é uma receita para o desastre.

Portanto, precisamos desenvolver os parâmetros dentro dos quais as pessoas podem agir com liberdade e autonomia. Os parâmetros-guia mais importantes são as *escolhas estratégicas* claras que a empresa traçou quanto ao que será feito e, mais importante ainda, ao que não será feito. Parece bastante simples, mas a evidência é que as empresas não fazem as escolhas necessárias que uma boa estratégia exige, nem comunicam sua estratégia com clareza suficiente para oferecer orientação à equipe. Outros parâmetros-guia importantes são o *propósito* e os *valores* da empresa que ajudam as pessoas a decidir o que é certo e o que não é. Mais uma vez, parece algo fácil de colocar em prática, mas há evidências de que a maioria das empresas não consegue "vender" seus propósitos e valores aos funcionários para ganhar adesão. Como resultado, os propósitos e valores continuam sendo lindas decorações na parede em vez de se tornarem a estrela-guia da equipe. Vamos explorar como melhorar tudo isso no Capítulo 6.

- Quinto, chegará o momento em que a empresa vai precisar desenvolver uma estratégia específica para responder a qualquer disrupção que esteja afetando os negócios. É impossível pensar em uma estratégia de resposta sem saber primeiro a que mudança específica estamos respondendo, mas o mais importante é garantir que a resposta seja inovadora. O objetivo não deve ser se defender da disrupção, mas explorá-la, tópico debatido no Capítulo 7. Isso levanta a questão de *como* desenvolver uma resposta inovadora, então vamos analisar como alcançá-la no Capítulo 8.
- Não devemos apenas desenvolver uma resposta inovadora, como também precisamos convencer a equipe de que é a resposta correta para nós. Além disso, nenhuma

estratégia será perfeita desde o início, portanto é preciso garantir o aprendizado com o mercado e ajustar o que fazemos de acordo com isso. Como saber se sua estratégia está correta e como convencer os outros a lhe apoiar? A resposta é por meio de tentativas, mas o problema é que nem todas são boas, especialmente quando se trata de testar uma estratégia em vez de uma nova ideia ou produto. Como projetar e realizar um experimento "inteligente" para sua estratégia de resposta? Responderemos a essa pergunta no Capítulo 9.

- Finalmente, chegará o momento em que a empresa embarcará em sua estratégia de resposta e a questão que se colocará é como fazer a transição do que quer que esteja fazendo agora para o que precisa fazer no futuro. Migrar para a nova posição estratégica é um desafio, e muitas coisas podem dar errado ao longo do caminho. Vamos explorar como fazer a transição da forma mais indolor possível no Capítulo 10.

Espero que os executivos seniores que lerem este livro não encontrem nada de surpreendente nas etapas aqui apresentadas e que não haja nada que não reconheçam de imediato. Mas também espero que fiquem intrigados o bastante para ler mais, a fim de entender *como* implementar as etapas. A contribuição do meu livro não é a descoberta de uma receita desconhecida para o sucesso. Em vez disso, vou tentar mostrar que implementar *corretamente* aquilo que no papel parece óbvio e de senso comum pode ser a diferença entre o sucesso e o fracasso. Saber o que fazer não é a mesma coisa que fazê-lo ou fazê-lo corretamente, por isso espero que o livro possa ser útil para vocês.

Esta leitura fará de você um líder ou um gerente melhor? Isso não dependerá exatamente de você aprender algo novo, mas de traduzir em ação quaisquer ideias que desenvolver ao ler este livro. O fato é que, como seres humanos, muitas vezes falhamos em traduzir o conhecimento em ação. Por exemplo, sabemos que é preciso fazer exercício físico regularmente, mas poucos o fazem; sabemos que é necessário sempre desafiar e questionar como a empresa funciona, mas raras vezes fazemos isso, a menos que enfrentemos uma crise. Sabe-se que, como líderes, deveríamos passar bastante tempo "pensando de forma estratégica" sobre os negócios, mas é fato que não agimos assim. Há muitas razões para essa lacuna de conhecimento.[5] Não ter tempo suficiente é uma, assim como uma cultura organizacional e incentivos que não motivam os comportamentos desejados. Mas outra razão, mais pessoal, é o sentimento de impotência. Muitas vezes, não fazemos algo porque acreditamos que nossas ações não farão diferença. Por exemplo, eu, como indivíduo, posso realmente mudar a cultura ou os incentivos da minha empresa? Posso mudar de verdade a maneira como minha equipe se comporta? Se acreditamos que nossos esforços não terão nenhum efeito ou que este será diminuto, então por que nos preocuparmos em tentar? Algo que vou tentar debater neste livro é o efeito borboleta,[6] que afirma que "pequenas mudanças podem ter um grande impacto". Vamos destacar "coisas simples" que você pode colocar em prática para fazer uma grande diferença em sua empresa. Se essa perspectiva lhe deixa empolgado, então continue lendo!

02

Atitude é o segredo

Como criar o mindset correto para a jornada

Não há dúvida de que a revolução digital dos últimos 20 anos teve um efeito tremendo sobre como trabalhamos, como fazemos compras, como vivemos o dia a dia, o que valorizamos e o que esperamos da vida. Essas mudanças, por sua vez, levaram as empresas a transformar radicalmente a forma como administram os funcionários, como atendem os clientes e como competem entre si. Por exemplo, vimos uma mudança da hierarquia para a colaboração em equipe; dos preços fixos para os dinâmicos; do marketing de massa para o marketing personalizado; da inovação fechada para a inovação aberta; das estratégias tradicionais para as de plataforma. As mudanças foram dramáticas e as empresas tiveram que se transformar não apenas para sobreviver a esse tsunami de disrupção digital, mas para explorá-lo.

E, ainda assim, a jornada está apenas começando. Por mais disruptiva que tenha sido a revolução digital nos últimos 20 anos, e por mais esforços e sacrifícios que tenhamos passado para responder a ela, mudanças novas e mais disruptivas estão a caminho. Não são apenas as mudanças tecnológicas — como a IA, a robótica, o aprendizado de máquina e a realidade virtual — que ameaçam nossa própria sobrevivência. Mudanças geopolíticas — veja a ascensão da China —, assim como disrupções macroeconômicas, demográficas, institucionais, ambientais e relacionadas à saúde — pense na covid-19 —, estão combinadas para criar um coquetel de rompimentos que promete fazer com que a disrupção digital pareça brincadeira de criança.

Isso insinua que as empresas precisam estar em alerta constante, prontas para responder a qualquer dificuldade que surja no caminho e, se necessário, embarcar em mais uma transformação. Como diz uma famosa citação de um autor desconhecido: *O fim de uma jornada significa o início de outra.* Essa é exatamente a mensagem que precisa ser comunicada à empresa: ao começar ou passar por uma cansativa jornada de transformação digital, não podemos nos acomodar com a vitória, precisamos embarcar na próxima jornada. Algo muito bom e sensato, mas a questão é como convencer a equipe a nos seguir. Os funcionários estão cansados e exaustos devido a todo o processo para agirem quanto à disrupção digital, então como os colocar de novo em ação? Esse é o desafio que vamos explorar neste capítulo. As principais mensagens que quero transmitir são: (1) o modo como comunicamos à equipe a necessidade de responder a ainda mais disrupções é importante, e (2) há uma maneira errada e uma correta de fazer isso. Não o fazer da maneira correta pode significar problemas, não importa a estratégia adotada.

A importância da linguagem usada

"Ele mentiu, mas não é um mentiroso." Foi assim que o ator Matthew McConaughey explicou a confissão de Lance Armstrong de que havia usado drogas ilegais para melhorar o desempenho nas sete vitórias do Tour de France.[1] É uma afirmação interessante porque o comunicador (McConaughey) está fazendo uma distinção entre um comportamento (ele mentiu) e a identidade da pessoa (um mentiroso). Acontece que enfatizar a identidade acima do comportamento é algo importante. Pesquisas acadêmicas mostraram que é mais provável que você influencie o comportamento das pessoas — ou seja, é mais provável que façam algo ou mudem alguma coisa — se enfatizar a identidade delas em vez do comportamento real.[2] Isso significa que, em vez de dizer a uma pessoa "não minta", você deveria dizer "não seja mentirosa"; ou, em vez de dizer "por favor, vote", deveria dizer "seja uma eleitora".

Eu uso esse exemplo para mostrar como a linguagem é importante para influenciar o comportamento humano. Como outro exemplo, considere os conselhos habituais que damos aos jovens para "*encontrar* aquilo que amam na vida". Trabalhos recentes demonstram que dizer às pessoas para encontrarem o que amam é bem ruim para elas.[3] Isso as leva a acreditar que a paixão está em algum lugar por aí, esperando para ser descoberta. Como resultado, tendem a ficar desapontadas quando não a encontram e culpam a má sorte pelo fracasso. É muito melhor dizer para *desenvolverem* a paixão porque isso lhes passa a mensagem de que os interesses são algo que qualquer um pode cultivar por meio do esforço e do tempo. Assim, as pessoas se tornam mais proativas e persistentes na busca de um interesse que pode virar uma paixão. É surpreendente, mas apenas mudar a afirmação "encontre sua paixão" para "desenvolva sua paixão" pode ter um impacto enorme na forma como as pessoas se sentem e se comportam.

Como exemplo final, considere o seguinte cenário:[4] sua médica lhe informa que você sofre de uma determinada forma de câncer e que tem duas opções para combatê-lo: radioterapia ou cirurgia. Ao pedir uma recomendação, ela lhe diz que não pode recomendar uma ou outra, mas que pode lhe dar as probabilidades de sucesso para cada método de tratamento. Uma maneira de lhe dizer é a seguinte: "De 100 pessoas operadas, 10 morrem durante a cirurgia, 32 em um ano, e 66 em cinco anos. De 100 pessoas em radioterapia, nenhuma morre durante o tratamento, 23 morrem em um ano, e 78 em 5 anos. Qual tratamento você prefere?"

Nesse cenário, a médica basicamente lhe disse as probabilidades em termos de quantas pessoas morrem. Ela poderia, é claro, dar a você as mesmas probabilidades subjacentes ao passar as informações em termos de quantas sobrevivem. Aqui vai: "De 100 pessoas operadas, 90 sobrevivem à cirurgia, 68 depois de um ano, e 34 até 5 anos. De 100 pessoas em radioterapia, todas sobrevivem ao tratamento, 77 em um ano, e 22 por mais de 5 anos. Qual tratamento você prefere?"

Ambas as declarações revelam as mesmas informações subjacentes e, portanto, você esperaria que os seres humanos racionais fizessem a mesma escolha, não importa como as informações sejam passadas. No entanto, na vida real, os resultados são dramáticos. Quando as pessoas receberam as informações em termos de morte (primeiro cenário), houve uma divisão meio a meio entre cirurgia e radioterapia. Quando receberam os mesmos fatos em termos de quantas pessoas sobrevivem (segundo cenário), 84% das pessoas escolheram a cirurgia.

Tudo isso nos leva à disrupção. Seria comum um livro começar com as respostas à disrupção a partir de uma descrição das estratégias que têm conduzido as empresas ao sucesso. Entretanto, antes de uma empresa embarcar em qualquer estratégia, seus líderes têm que explicar à equipe "o porquê": por que temos que empreender ainda mais mudanças e por que temos que responder a mais disrupções? Será que ainda não fizemos o suficiente? Dadas todas as mudanças que empreendemos nos últimos anos, nossa empresa não está bem-posicionada para resistir à tempestade que se aproxima? As respostas têm que ser dadas, e isso requer comunicação. Evidências mostram que a linguagem usada para explicar às pessoas por que devemos responder às disrupções determina como elas se comportam, e essa pode ser a diferença entre o sucesso e o fracasso.[5]

A maioria das pessoas presume que a razão pela qual precisamos responder à disrupção é (ou deveria ser) óbvia. A empresa está enfrentando uma ameaça existencial, portanto é natural que façamos algo a respeito. Logo, ela acredita que a maneira óbvia de explicar às pessoas "o porquê" é primeiro descrever a disrupção específica que está minando o negócio, enfatizar o perigo mortal enfrentado e depois pedir ajuda e apoio para responder a esse perigo. Esse é um cenário de *ameaça* análogo a um médico lhe dizendo "Se você não parar de fumar e começar a fazer exercícios regularmente, terá sérios problemas de saúde e morrerá de forma prematura". Entretanto, existe uma maneira alternativa de explicar às pessoas a necessidade de mudança. Em vez de assustá-las, você lhes dá uma visão positiva do que pode ser alcançado se embarcarem na mudança proposta, e assim as motiva a se juntarem a você na jornada de descoberta. É um cenário de *oportunidade* análogo ao médico lhe dizendo "Se você parar de fumar e começar a se exercitar regularmente, viverá até os 100 anos sem grandes problemas de saúde ou sustos".

Dadas as duas possíveis formas de explicar a necessidade de mudança para os funcionários, o desafio para os líderes seniores é qual escolher: eles devem explicá-la como uma ameaça contra a qual precisamos nos defender ou como uma oportunidade para atacar e explorar? Parece que a maioria de nós se inclina instintivamente para a explicação positiva — em uma pesquisa com 486 CEOs globais que realizamos em 2019, quase 96% disseram que as empresas que expõem a disrupção como uma oportunidade, e não como uma ameaça, têm mais probabilidade de sucesso com suas respostas a ela. Essa crença, na verdade, está errada.

A dissertação de doutorado de Clark Gilbert na Harvard Business School analisou a resposta da indústria jornalística norte-americana à chegada da internet e à distribuição online de notícias. Não surpreendentemente, ele descobriu que as empresas que viam a internet como uma ameaça acabaram falhando em sua resposta. Talvez mais surpreendente que isso, ele não descobriu que as empresas que a viam como uma oportunidade tiveram sucesso; na verdade, elas também falharam. A descoberta surpreendente foi que as empresas que desenvolveram estratégias de resposta bem-sucedidas foram aquelas que expuseram a disrupção como uma ameaça e uma oportunidade.[6]

Pode parecer uma bobagem acadêmica, mas há uma boa lógica por trás de tal descoberta. Ver algo como uma ameaça é tanto benéfico quanto prejudicial. Pelo lado positivo, nos ajuda a desenvolver um senso de urgência na empresa e concentra nossa mente e nossos recursos na tarefa em mãos. Pelo lado negativo, nos faz confiar mais no instinto do que na análise e priorizamos o curto prazo em detrimento do longo prazo. Por exemplo, considere o que acontece quando um leão lhe ataca enquanto você está em um safári. O perigo óbvio e momentâneo do animal em avanço cria urgência, focaliza a mente e impulsiona recursos para responder ao leão. Tudo isso é positivo, mas algo negativo também acontece: reagimos ao perigo sem realmente pensar e nos concentramos em soluções a curto prazo. Tudo para sugerir que ver algo como uma ameaça é tanto positivo quanto negativo. É desnecessário dizer que ver algo como uma oportunidade também tem benefícios e prejuízos: pelo lado positivo, nos ajuda a pensar sobre as questões de forma lógica, analítica e com uma perspectiva de longo prazo, mas, pelo lado negativo, não cria o senso de urgência necessário que leva à ação. Isso insinua que, se quisermos alcançar tanto a urgência quanto o pensamento de longo prazo na empresa, precisamos pensar na disrupção como ameaça e como oportunidade.

Um exemplo: novos modelos de negócios disruptivos

Esse ponto se torna óbvio quando olhamos para uma disrupção específica que afeta muitas empresas: a chegada de um novo modelo de negócios disruptivo em um mercado consolidado. Se há uma coisa que se sabe sobre modelos de negócios disruptivos é que crescem atraindo dois tipos diferentes de clientes: aqueles que já são atendidos pelas empresas estabelecidas e aqueles totalmente novos no mercado. De fato, como demonstrado por Clay Christensen em seu trabalho sobre inovação disruptiva, são os *novos* clientes que originalmente são atraídos pelos modelos de negócio invasivos e lhes dão o apoio inicial necessário para crescer.[7] É somente com o passar do tempo que os clientes já estabelecidos veem a novidade como “boa o suficiente” e mudam para ela. O processo pelo qual novos modelos de negócio crescem é mostrado na Figura 2.1, adaptada a partir do trabalho de Clark Gilbert.[8]

Figura 2.1 Como os novos modelos de negócio disruptivos crescem

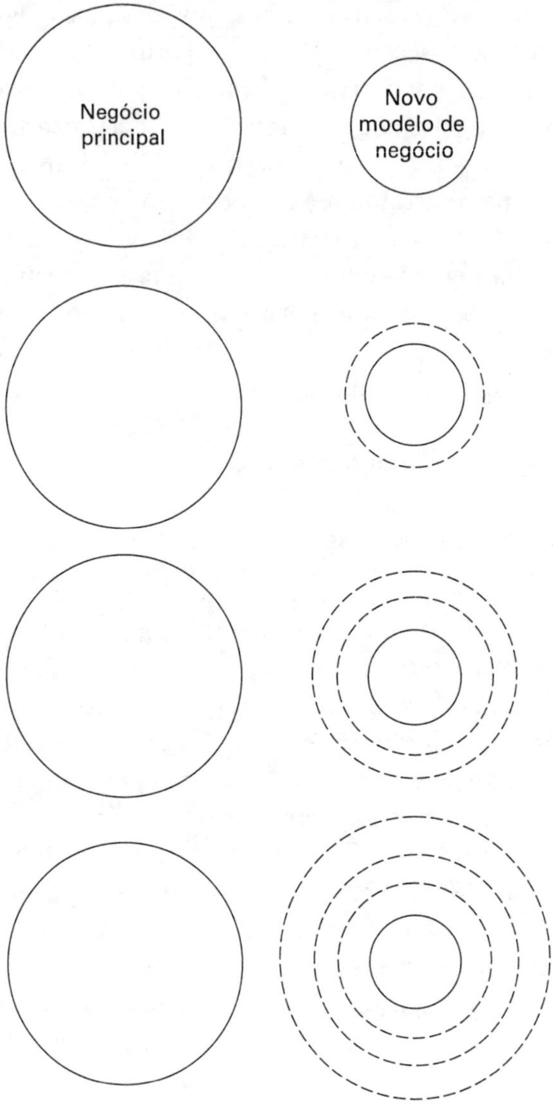

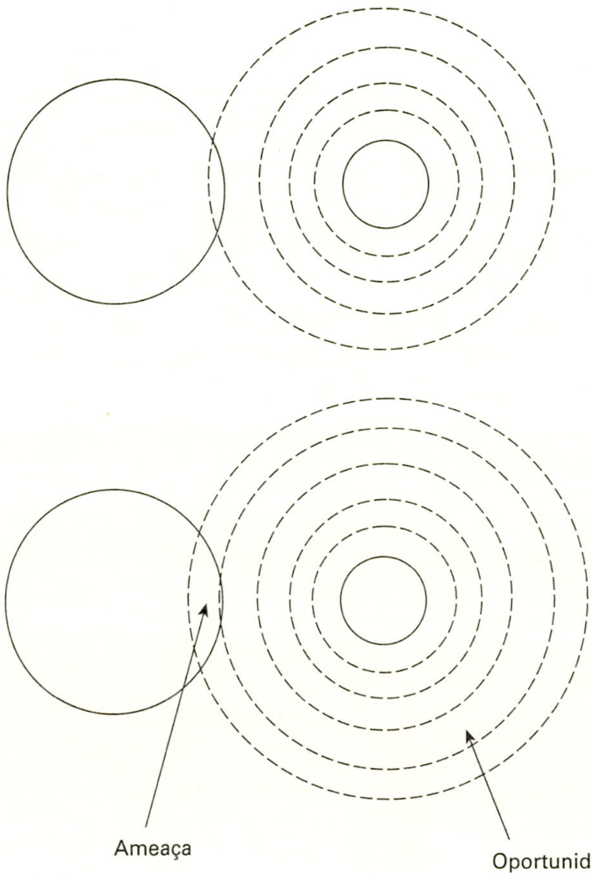

Fonte: adaptada de Clark Gilbert. The disruption opportunity. *Sloan Management review*, v. 44, n. 4, p. 28. 2003.

Quando chega, o novo modelo de negócio atrai clientes diferentes dos clientes do negócio principal. Por exemplo, os primeiros clientes atraídos pelo modelo de negócio de corretagem online eram *day traders*, e não instituições ou investidores ricos. Da mesma forma, os primeiros clientes atraídos pelo modelo de negócio das companhias aéreas de baixo custo e com paradas eram famílias e estudantes em busca de pechinchas, e não o viajante a negócios. Os clientes "diferentes" são os que sustentam o novo modelo de negócio a curto prazo, mas os inovadores que apresentaram o modelo continuam a melhorá-lo ano após ano até que ele se torne "bom o suficiente" para os clientes do negócio principal. É a partir daí que os consumidores principais começam a migrar para o novo modelo e que o negócio principal passa a ser absorvido. O processo continua por algum tempo, e o resultado é mostrado na Figura 2.2. Aqui vemos que o mercado criado pela disrupção (círculo sombreado) é composto por dois tipos de clientes: aqueles do negócio principal consagrado e os novos clientes (diferentes dos clientes do negócio principal consagrado).

Figura 2.2 Um novo modelo de negócio disruptivo é tanto uma ameaça quanto uma oportunidade

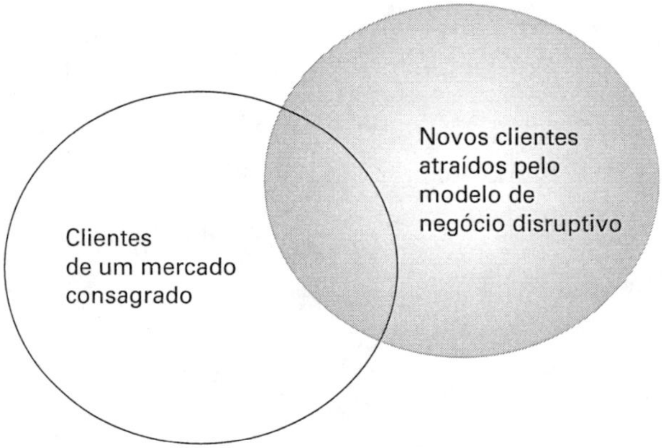

A Figura 2.2 deve tornar imediatamente óbvio que o novo modelo de negócio é tanto uma ameaça quanto uma oportunidade para as empresas estabelecidas. É uma ameaça porque atrai alguns dos clientes do negócio principal e, no processo, o absorve; e é uma oportunidade porque cria um mercado composto de clientes inteiramente novos.

Por que é importante ver a disrupção tanto como uma ameaça quanto como uma oportunidade

Podemos nos perguntar o porquê do alvoroço. Que diferença faz a forma como encaramos a disrupção? Será que é muito barulho por nada? Parte da resposta, como já sugerido, é que alcançaremos a urgência *e* o pensamento a longo prazo somente quando olharmos a disrupção como uma ameaça e uma oportunidade, e não como uma ou outra. Entretanto, há outros benefícios que decorrem da exposição correta do problema. O que se sabe é que a maneira como enquadramos algo determinará nosso pensamento, nossa abordagem e as ações ao final, o que, por sua vez, pode determinar se teremos sucesso ou fracasso em nossa resposta.

Por exemplo, se a disrupção é tanto uma ameaça quanto uma oportunidade, a primeira implicação para as empresas é que elas precisam tanto defender quanto atacar. Imediatamente esta questão é posta à mesa: uma empresa pode defender e atacar com uma estratégia única? Talvez seja melhor ter duas estratégias diferentes, uma que vise a proteger o aspecto principal e outra que explore os novos mercados criados pela disrupção? Esse é o tema da dupla transformação que já foi explorado por acadêmicos[9] e que exploraremos mais adiante no livro, no Capítulo 8. Além disso, se duas estratégias diferentes forem necessárias, os gerentes do negócio principal podem desenvolver ambas, ou o desenvolvimento da estratégia de "ataque" deve ser atribuído a pessoas diferentes? Por fim, se duas estratégias diferentes forem necessárias para "responder" à disrupção, ambas devem ser implementadas pela mesma empresa ou a tarefa de executar a estratégia de ataque deve ser dada a uma unidade separada? São perguntas obviamente difíceis, e não pretendemos ter todas as respostas. Contudo, a questão é que as perguntas "corretas" só podem ser feitas se começarmos a pensar com a atitude "correta" em relação à disrupção.

Como mais um exemplo da importância de abordar a disrupção com a atitude "correta", considere um dos princípios mais aceitos de boa gestão: as empresas devem ouvir os clientes. Em minha pesquisa com CEOs feita em 2019, quase 88% deles constataram que a seguinte declaração é verdadeira: *as empresas que estão próximas de seus clientes principais e os escutam tendem a ter resultados melhores na resposta à disrupção.* No entanto, encará-la como uma ameaça e uma oportunidade deve servir de alerta sobre as desvantagens dessa posição.

À primeira vista, a afirmação soa obviamente verdadeira; afinal, como uma empresa pode ter sucesso sem prestar atenção a seus principais clientes? No entanto, quando se trata de disrupções, pode se revelar contraproducente. Isso porque, como dito anteriormente, muitos dos clientes que são atraídos pela disrupção não são os principais ou os existentes; eles são *novos* clientes, muitos atraídos para o mercado pela primeira vez. Portanto, não é suficiente ouvir os clientes existentes — na verdade, o trabalho de Christensen sobre inovação disruptiva mostrou que ouvir os clientes existentes pode fazer uma empresa se perder.[10]

Considere, por exemplo, os meados dos anos 1990, quando a corretagem online surgiu como um modelo comercial viável, com empresas como a Charles Schwab e a E-Trade à frente. Imagine que, em resposta ao sucesso inicial dessa forma de competir, um corretor tradicional como o banco norte-americano Merrill Lynch se aproximasse de seus clientes existentes — indivíduos ricos ou investidores institucionais — e lhes oferecesse a corretagem online. Basicamente, como qualquer outro corretor online, o banco lhes ofereceria preços mais baratos e execução mais rápida, mas o serviço, a pesquisa e o aconselhamento seriam limitados ou inexistentes. É altamente improvável que indivíduos ricos ou investidores institucionais queiram mudar da tradicional oferta de serviços e consultoria do Merrill Lynch (por uma taxa) para uma oferta sem consultoria em troca de taxas mais baixas. Eles contra-argumentariam esse ponto com o banco e, como resultado, este não veria necessidade em adotar o novo modelo de negócio. Nesse sentido, ouvir os clientes existentes talvez afastasse o banco de algo que poderia crescer e se tornar um negócio lucrativo. Mesmo que os clientes existentes não nos desviem de nosso caminho, prestar atenção apenas a esse grupo de clientes nos faria ceder a ideias que visam majoritariamente à defesa do negócio principal. Conversar com os novos clientes e entender o que eles esperam e querem de diferente é o que nos permitirá desenvolver ideias de como atacar e explorar a disrupção.

Da mesma forma, é somente quando nos aproximamos da disrupção como uma ameaça e uma oportunidade que apreciamos a necessidade de ir além da melhoria de nossas ofertas e nossos serviços atuais. Como já mencionado, a pesquisa acadêmica sobre inovação disruptiva mostrou que os mercados criados por ela são originalmente compostos por clientes diferentes daqueles que compram das empresas estabelecidas.[11] Esses clientes não querem o que elas estão oferecendo; eles querem a "novidade" que os "disruptores" trazem à tona. Isso sugere que, ao tentar melhorar o que já está sendo oferecido, é improvável que a empresa estabelecida atraia esses clientes diferentes, pois eles querem coisas diferentes, não as mesmas coisas, ainda que sejam melhores.

A empresa estabelecida também não pode esperar ganhar contra a disrupção oferecendo os mesmos produtos que os disruptores oferecem, mesmo que sejam melhores. Estes são os "primeiros a se mover" nos novos mercados que a disrupção criou, então apenas atacá-los tentando ser melhor muito provavelmente culminará em fracasso. Como propôs Michael Porter: "A regra fundamental na estratégia ofensiva é não atacar de frente com uma estratégia imitativa, independentemente dos recursos ou do poder de permanência do desafiador."[12] Tudo isso sugere que tentar ser "melhor" não é uma boa resposta à disrupção. A empresa estabelecida deve começar a pensar como um empresário que está prestes a entrar em um mercado totalmente novo e projetar uma estratégia que seja apropriada para isso. A nova estratégia dificilmente será uma versão melhor da já usada pela empresa estabelecida nos principais mercados.

Todos os exemplos são para mostrar que a forma como expomos a disrupção à nossa equipe funcionará como a "lente" por meio da qual ela vai olhar para os desafios enfrentados. Isso, por sua vez, determinará as perguntas feitas e as respostas obtidas pelos funcionários. Expor a disrupção da maneira "correta" — uma ameaça e uma oportunidade — aumentará a probabilidade de a equipe fazer as perguntas "corretas".

Como convencer os funcionários de que a disrupção é uma oportunidade

Isso nos leva ao que talvez seja o maior desafio que os líderes enfrentam ao expor a disrupção como uma ameaça e uma oportunidade para a equipe. A maioria de nós aceitará intuitivamente o argumento de que devemos enquadrá-la de ambas as maneiras; e, de fato, a maioria dos CEOs entrevistados a respeito de suas jornadas de transformação digital em 2018 e 2019 afirmaram ter comunicado a empresa dessa forma. A citação a seguir capta bem o sentimento: "A

Inteligência Artificial criará milhões de empregos a mais do que os destruirá."[13]

Embora tudo faça perfeito sentido, o problema enfrentado é que as pessoas estão recebendo essa mensagem em um contexto de destruição provocada pela disrupção, incluindo a perda de empregos. Estamos encorajando-as a ver a disrupção como uma oportunidade, mas tudo o que veem ao redor, todos os dias, são as consequências negativas. Por exemplo, enquanto escrevo este livro, o mundo está mergulhado na crise da covid-19. Muitas pessoas estão falando da necessidade de não se concentrar apenas nos efeitos negativos da crise, mas também de apreciar os aspectos positivos — por exemplo, quantos de nós aprenderão a trabalhar remotamente ou de forma virtual? É claro que isso faz sentido no plano racional, mas é de pouco conforto para nós, cuja principal preocupação é sobreviver à crise.

Considere outro exemplo. Imagine que você acabou de ser demitido pela empresa. Imagine, além disso, que, quando chegou em casa, seus entes queridos tentaram convencê-lo de que, mesmo sendo algo ruim (e talvez uma ameaça ao seu bem-estar financeiro), era também uma grande oportunidade — talvez para aprender uma nova habilidade, ou para passar mais tempo com a família, ou para embarcar naquela viagem ao redor do mundo que você sempre quis fazer, mas nunca teve tempo. Não há dúvida de que, em um nível racional, é possível ver os muitos benefícios do tempo livre, e você pode até mesmo se sentir melhor a respeito da difícil situação. No entanto, quanto tempo durará esse sentimento agradável? Ou quanto tempo levará para você começar a se preocupar mais uma vez com o futuro? Mais importante ainda, como passaria a maior parte do tempo nos próximos meses: tentando encontrar outro emprego ou viajando ao redor do mundo?

Em comparação aos benefícios futuros que a disrupção pode trazer, o fato de que as pessoas colocam mais peso nas consequências negativas imediatas — vistas e sentidas no momento — tem uma implicação séria na forma como comunicamos e descrevemos a disrupção para nossos funcionários. Especificamente, mais tempo e mais esforço precisam ser gastos para explicar às pessoas por que é uma oportunidade e não uma ameaça. Uma divisão de tempo meio a meio ou o uso de estratégias de comunicação similares não são suficientes. Na prática, significa que, para comunicar que a disrupção é uma ameaça, você terá que articular de forma clara os desafios específicos enfrentados pela empresa, juntamente às escolhas e aos sacrifícios, embasados em fatos. No entanto, para defender que a disrupção também é uma oportunidade, é preciso muito mais do que comunicação ou fatos. É preciso envolver a emoção das pessoas na adesão à ideia de que a disrupção é uma oportunidade se quiser que elas deem a devida atenção.

Tudo isso sugere que convencer as pessoas de que algo é "positivo" quando estão no meio de algo "negativo" é extremamente difícil. O desafio, portanto, não é dizer ou comunicar às pessoas que a disrupção é uma oportunidade, mas *convencê-las* de que é o caso quando tudo o que veem é uma ameaça. Como, então, "vender" a ideia de que a disrupção é uma oportunidade para um público que está predisposto a ver ou valorizar principalmente o negativo? Pensaremos nas maneiras no próximo capítulo. O mais importante a se apreciar é que vender algo requer muito mais do que comunicação. Para que as pessoas "comprem" algo — tanto a um nível racional quanto emocional —, muitas táticas além de uma comunicação eficaz devem ser empregadas. A menos que você seja tão inspirador quanto Martin Luther King, é provável que a comunicação não seja suficiente para conquistar o coração de seus funcionários; daí a necessidade de táticas adicionais, como visualização, histórias, rituais, ações simbólicas, valorização de vitórias passadas, bem como é preciso desenvolver um ambiente empresarial acolhedor.

Um exemplo: KBC Bank

Este exemplo pode ajudar a esclarecer a questão. O KBC Bank da Bélgica é considerado um dos melhores bancos da Europa. Desde 2015, vem recebendo prêmios anuais de "melhor banco", incluindo o World's Best Bank da Europa Ocidental, da revista *Euromoney*, em 2019. Mas nem sempre foi assim. Na verdade, o banco precisou de um resgate do governo belga durante a crise financeira de 2008 e 2009, e de outro do governo federal belga e do governo executivo flamengo durante a crise do euro em 2011 e 2012. Na época em que Johan Thijs se tornou o CEO em 2012, o banco estava perto da falência. Thijs empreendeu uma série de transformações, primeiro em 2012 e depois novamente em 2016, para trazer o banco de volta dos mortos e torná-lo o melhor da Europa. Ao ser questionado sobre como consegue motivar a equipe a se engajar nas transformações, sua resposta foi a seguinte:

> Primeiro, eu nunca falo com eles sobre o banco ou sobre o que o banco precisa fazer. Em vez disso, falo com eles como seres humanos, como consumidores. Por exemplo, eu perguntaria à equipe: Vocês compraram um smartphone recentemente? Se sim, me digam o que fazem com ele. Usam para fazer compras, procurar informações ou pagar o estacionamento? O aparelho está sempre com vocês e é acessado o tempo todo? Usam a Siri para ajudar no dia a dia? Assim que compreendem e apreciam como a tecnologia afeta nosso viver, nosso trabalho e nossas compras, eu lhes pergunto então se o mesmo acontecerá com

a maneira como as pessoas fazem as operações bancárias. Eu imploro para que se perguntem: se isso acontece com tudo que fazemos, por que não aconteceria no setor bancário? Se você se comporta de maneira diferente agora, por que não nossos clientes? Isso é assustador! As pessoas percebem de imediato que os bancos não serão poupados. Percebem que empresas como o Google e a Amazon vão nos aniquilar. Mas, nesse ponto, eu me colocaria à frente e lhes ofereceria uma solução possível. Que tal se fizermos isto ou aquilo? Por exemplo, que tal se nosso banco desenvolver um assistente digital ativado por voz para nossos clientes que seja incorporado no aplicativo do banco? As pessoas carregam seus smartphones o tempo todo, então, na verdade, carregarão nosso assistente digital com eles. Toda vez que precisarem fazer uma transação, podem usar o aplicativo. Se quiserem pagar o estacionamento, comprar passagens de trem ou uma TV cara, tudo que têm que fazer é falar pelo aplicativo. Tudo é resolvido em segundos. Essa abordagem deixa a equipe entusiasmada! Os funcionários percebem que nem tudo é desgraça e tristeza, que podemos atacar e construir um futuro para nós mesmos. O que os empolga é a percepção de que não estamos lhes oferecendo apenas palavras vazias e promessas fantasiosas. Estamos oferecendo produtos ou ações tangíveis que podem ser usados como resposta. Os funcionários querem trabalhar conosco para desenvolver e implementar tais soluções? Pode apostar! Mal podem esperar para começar!

Thijs faz parecer fácil, mas vender uma ideia para que as pessoas a comprem é difícil e consome muito tempo. É um processo que requer atenção constante e reforço contínuo. Requer comunicação eficaz, mas também ações que reforcem e legitimem o que estamos vendendo às pessoas. É necessário o apoio contínuo e nítido dos líderes. Agora, compare o que é necessário para convencer as pessoas de que uma disrupção é uma oportunidade com o que é preciso fazer para convencê-las de que é uma ameaça. Não é de surpreender que a maioria das empresas não aloca o tempo e a atenção necessários, optando por simplesmente comunicar que a disrupção não é apenas uma ameaça, mas também uma oportunidade. Não é novidade que as pessoas só "ouvem" a palavra ameaça e que as empresas se concentram na estratégia defensiva em vez de explorar a disrupção.

Há um preço enorme para a empresa. Como demonstrado por Clark Gilbert, as organizações que enquadram a disrupção como uma ameaça falham em suas respostas.[14] Um pouco mais de investimento, logo no começo, na forma como a disrupção é posicionada e comunicada à equipe, pode poupar muito dinheiro e sofrimento para a empresa mais tarde.

03

Criando urgência para mudanças contínuas

Fazendo da maneira correta

Em seu livro *Mude ou Morra*, Alan Deutschman relata uma estatística verdadeiramente surpreendente: após passar por uma cirurgia de revascularização do miocárdio, a maioria das pessoas — não surpreendentemente — tenta melhorar a saúde empreendendo mudanças radicais no estilo de vida, por exemplo, fazendo uma dieta mais saudável ou parando de fumar ou se exercitando mais. No entanto, as pessoas aos poucos começam a voltar aos velhos hábitos, e (o que é incrível) 90% acabam no mesmo estilo de vida de antes, dois anos após a operação.[1] Tire um momento para absorver essa informação. Há duas percepções que surgem de imediato. Primeira: mudar é difícil. É tão difícil que nem o medo da morte é suficiente para convencer as pessoas a mudar para sempre. Segunda: táticas de medo podem ser usadas a fim de criar urgência para a mudança, mas tais táticas só criarão mudanças de curta duração. A menos que nos dediquemos com frequência a "assustar" as pessoas, elas vão aos poucos superar o medo inicial e voltar aos velhos hábitos. Essas percepções têm aplicabilidade imediata aos negócios: sim, precisamos de um senso de urgência para incentivar a mudança em nossa empresa, mas *como* criamos a urgência importa.[2] Há uma maneira certa e uma maneira errada. Escolher o caminho "certo" é essencial se quisermos ter sucesso com o processo de transformação.

Qual é o caminho "certo"? O exemplo anterior destaca uma forma de criar urgência que definitivamente não é a correta. Assustar as pessoas para que mudem não é o caminho certo. Como vimos no exemplo, táticas de medo produziram uma reação de curto prazo nas pessoas, nada sustentável. Pelo menos nesse caso, a mudança gerada — embora de curto prazo — estava na direção certa, na medida em que as pessoas pararam de fumar e começaram a se exercitar. Porém, não podemos tomar o resultado por certo. Considere, por exemplo, a popular analogia da plataforma de petróleo em chamas. Não há dúvida de que uma plataforma pegando fogo cria uma urgência que leva à ação, mas qual é a natureza dessa ação? São as pessoas pulando no mar de forma descoordenada e em pânico; certamente não é o tipo de urgência que queremos em nossa empresa, certo? Da mesma forma, considere uma empresa que enfrenta o cenário da Figura 3.1 e se pergunte *quando* a empresa consideraria tomar uma atitude radical. A resposta está mais próxima do ponto B do que do ponto A, porque é quando há urgência de ação. Mas de novo: quais ações a urgência no ponto B criará? Muito provavelmente ações míopes, reativas, de curto prazo e não pensadas; exatamente como você também reagiria se um leão lhe atacasse de repente.

Figura 3.1 Quando as empresas tomam atitudes radicais?

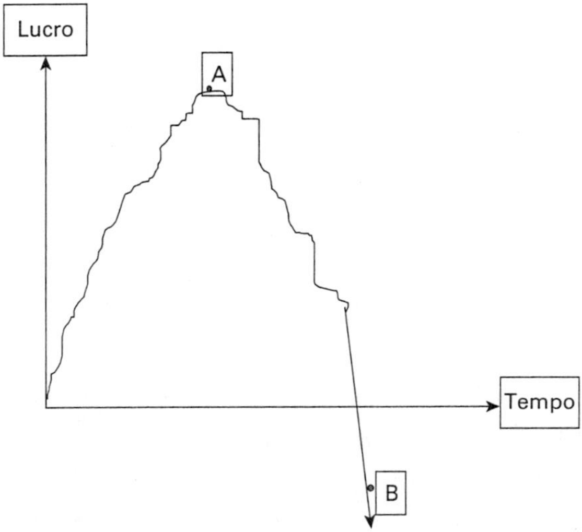

Destaco as táticas de medo e de susto como uma forma particularmente ruim de criar urgência, pois se tornaram a estratégia-padrão adotada pelas empresas. Por exemplo, na pesquisa com os CEOs, 74% diziam ser verdadeira a seguinte afirmação: "Para criar um senso de urgência, você tem que fazer com que sua equipe aprecie a ameaça iminente de disrupção e o perigo mortal que a empresa está enfrentando." Isso sugere que muitos de nós acreditamos que o uso de táticas de medo pode ser uma forma eficaz de criar urgência — daí a popularidade da analogia da "plataforma em chamas". No entanto, como já foi argumentado, nada pode estar mais longe da verdade.

Qual é a forma correta de criar urgência?

Voltamos, portanto, à pergunta original: qual é a forma "correta" de criar urgência para a mudança? Para ter um vislumbre da resposta, considere o relato a seguir. Há vários anos, em Nova York, conheci um executivo sênior que trabalhava em um grande banco. Ele me disse que durante anos seus médicos tentaram convencê-lo a mudar seu estilo de vida porque ele sofria de uma doença cardíaca rara. Nada parecia lhe abalar, até o dia em que a esposa se sentou com ele e descreveu de forma vívida o dia do casamento da filha deles, à época com dois aninhos, em algum momento no futuro. Ela descreveu como ele parecia orgulhoso levando a filha ao altar, e como estava feliz dançando a noite toda. Ele disse que a história teve um grande impacto em sua vida; em suas próprias palavras: "Era como se tivessem virado uma chave!" Algo dentro dele lhe disse que precisava mudar, então ele embarcou em uma jornada de mudança pessoal no mesmo instante. Quinze anos mais tarde, ele ainda estava firme e forte. É uma história simples que destaca algo que psicólogos vêm nos contando há anos: para criar o tipo "certo" de urgência e fazer com que as pessoas mudem para sempre, é preciso fazer com que a necessidade de mudança seja positiva, pessoal e emocional.[3] Há três exigências, e é importante apreciar o que cada uma sugere.

A primeira exigência é tornar *positiva* a necessidade de mudança. Isso não significa que podemos ignorar as coisas ruins e nos concentrar apenas nas positivas. Como sugerido no capítulo anterior, é preciso dizer às pessoas as coisas negativas — ou seja, as consequências terríveis de *não* responder à disrupção. Entretanto, não podemos parar por aí. Precisamos lhes dizer as coisas positivas também — isto é, as maravilhas que acontecerão se respondermos à disrupção. Não há como escolher entre uma ou outra. Assim como não basta usar apenas táticas de susto, também não basta apenas tornar positiva a necessidade de mudança; precisamos fazer as duas coisas.

A segunda exigência é tornar a necessidade de mudança *pessoal*, o que significa alinhar a mudança com algo que seja de valor para cada um e para cada funcionário. Isso implica que não é suficiente argumentar a favor da mudança somente porque ela tornará a empresa mais lucrativa ou menos propensa a falhas; as pessoas precisam entender o que elas podem ganhar com isso. Afinal, são elas que sentem o peso da mudança, então querem benefícios pessoais, os quais não precisam ser monetários — na verdade, benefícios não monetários estão mais propensos a motivar as pessoas para uma mudança sustentável.

A terceira e mais difícil exigência é tornar a necessidade de mudança *emocional*. Não é a mesma coisa que tornar pessoal. Sim, é mais provável que os funcionários se conectem a um nível emocional se houver razão pessoal para a mudança, mas isso não é garantido. Ainda há trabalho a ser feito a fim de tornar emocional até mesmo uma razão pessoal para a mudança. É fácil encontrar uma boa razão positiva para mudar — por exemplo: "Estamos fazendo isso por nossos clientes" ou "Estamos fazendo isso pela sociedade". Essas razões podem soar boas, mas o truque é "vendê-las" às pessoas para ganhar compromisso emocional. Isso nos leva de volta ao desafio que identificamos no capítulo anterior: em meio a toda destruição associada à disrupção, como convencer as pessoas de que coisas positivas vão surgir na vida delas em algum momento? E, mais importante ainda, como fazê-las aceitar tais coisas positivas não apenas em um nível racional, mas também emocional? No capítulo anterior, sugeri que se gastasse mais tempo e esforço para retratar a disrupção como uma oportunidade e não como uma ameaça, o que contribuiria muito para convencer as pessoas de que a resposta à disrupção pode trazer efeitos positivos. Entretanto, ainda precisamos fazer com que a equipe aceite os resultados positivos a um nível *emocional*.

Vender para ganhar o compromisso emocional é um desafio genérico de liderança. Neste capítulo, estamos falando de vender "uma razão positiva para gerar mudança" a fim de ganhar o compromisso emocional da equipe para alcançar a mudança, mas os líderes precisam aplicar tal estilo de venda para uma série de coisas. Por exemplo, precisam vender a estratégia, visão, propósito ou valores da empresa. Nada disso — estratégia, visão, propósito — faz sentido a menos que as pessoas os comprem; e, para que as pessoas comprem qualquer coisa, alguém tem que "vendê-la".

Não é necessário dizer que ganhar o compromisso emocional das pessoas é extremamente difícil. Por exemplo, suponha por um minuto que você acredita no argumento de que precisa tornar pessoal e emocional a necessidade de mudança, e que, em resposta à pergunta dos funcionários "por que precisamos mudar?", você lhes dá uma razão pessoal. Especificamente, você diz: "Ao mudar, ajudarão a tornar o mundo um lugar melhor para nossos filhos." Algo agradável, positivo e pessoal, exatamente o desejado. Mas como tornar algo *emocional* para as pessoas? Se há uma coisa que sabemos é que simplesmente comunicá-lo às pessoas quase nunca alcançará a resposta emocional que desejamos. Afinal, quantos de nós ganhamos os "corações" de nossos parceiros usando apenas comunicação ou apresentações fantasiosas em PowerPoint? Ganhar o coração das pessoas para a mudança não é fácil. Isso explica por que tantos programas de mudança falham. É fácil encontrar uma boa razão positiva para a necessidade de mudança. Entretanto, quantas empresas gastam tempo e recursos para "vender" a razão a seus funcionários a fim de ganhar não apenas a aceitação racional, mas também o compromisso emocional? Tal ação exige que utilizemos não apenas discursos e apresentações inspiradoras, mas também outras táticas e estratégias. É difícil, mas é a única maneira de criar o tipo certo de urgência em uma empresa.

Como ganhar o compromisso emocional

Chegamos agora ao âmago da questão. Sabemos que, para criar o tipo certo de urgência, precisamos dar às pessoas um motivo positivo e pessoal para que mudem, e depois vendê-lo para ganhar o compromisso emocional delas. Mas como fazer isso? Como vender uma razão positiva (e pessoal) às pessoas para ganhar o compromisso *emocional* delas? Para compreender o que precisa acontecer, imagine chamar os funcionários e lhes dizer que, devido às disrupções que acontecem ao nosso redor, "precisamos mudar". A questão-chave lhes percorrendo a mente será: "Por que precisamos mudar? O que conseguiremos com a mudança?" A resposta deve atender a dois requisitos-chave.

Torne pessoal a necessidade de mudança

Primeiro, dê-lhes todos os fatos negativos sobre a disrupção e os avise de que, se não mudarmos, coisas ruins acontecerão. Esse é o enquadramento da ameaça necessário para demonstrar que não estamos nos escondendo da realidade. Mas, como já mencionado, não se deve ficar por aí. Complemente o enquadramento de ameaças com uma razão positiva para a mudança. O segredo é garantir que a razão positiva seja *pessoal* para cada funcionário.

Obviamente é um desafio. Pessoas diferentes são motivadas por coisas diferentes, então como encontrar uma razão (positiva) pessoalmente significativa para todos? A resposta é: encontre um "denominador comum". Em outras palavras, encontre algo com o qual a maioria das pessoas se relacionaria ou acharia que vale a pena. Para ter uma ideia do que poderia ser, considere os seguintes exemplos:

- Uma empresa *high-tech* explicou aos funcionários a necessidade de um grande investimento em um novo produto desta maneira: precisamos fazê-lo porque, daqui a 50 anos, você contará aos seus netos: "Eu estava lá."
- Uma empresa de mineração explicou aos funcionários a necessidade de mudanças radicais em seus procedimentos de segurança desta forma: precisamos fazê-lo porque queremos que terminem o trabalho e voltem para suas famílias sãos e salvos, sempre.
- Uma empresa farmacêutica explicou aos funcionários por que tinham que ser mais inovadores com estas palavras: vocês nos ajudarão a manter mais pessoas saudáveis para que elas possam passar mais tempo com as famílias.
- Uma empresa norte-americana de cuidados com a pele explicou aos funcionários por que teve que dolorosamente reduzir custos desta maneira: vocês ajudarão nossos clientes — adolescentes norte-americanos — a viver uma vida normal.
- Uma empresa de produtos químicos explicou aos funcionários a necessidade de mudanças radicais em seus procedimentos ambientais e de segurança assim: precisamos fazer isso para que nossos filhos e netos desfrutem de nossos lagos e rios.

Esses exemplos apontam para certas coisas que poderiam servir como "denominadores comuns": clientes, colegas de trabalho, família, sociedade, meio ambiente. Podem não parecer "pessoais", mas certamente são mais pessoais do que as razões corriqueiras que as empresas dão para mudar: ajudar a empresa a sobreviver à disrupção ou continuar lucrando.

Torne emocional a necessidade de mudança

Dar às pessoas algo pessoal a que aspirar é útil, mas dificilmente é emocional. Mesmo as melhores razões pessoais não conseguirão provocar uma reação emocional, a menos que você sustente a afirmação com outra tática. Se não acredita em mim, considere a seguinte declaração: "Nosso propósito é fazer do mundo um lugar melhor para nossos filhos e netos." É uma declaração real de propósito de uma multinacional europeia. Não há dúvida de que é agradável e positiva, mas quantos de nós acreditariam imediatamente que é uma declaração honesta, quanto mais estar preparados para lutar por sua realização com paixão e energia? A resposta é: não muitos. Uma declaração, por mais simpática ou inspiradora que seja, não despertará *por si só* a emoção das pessoas. Portanto, precisamos ir além de simplesmente comunicar às pessoas para fazer certas coisas a fim de apoiar o que dizemos. Aqui vão algumas táticas que ilustram o que poderia ser feito:

- *Faça o que fala*: deveria ser óbvio que precisamos sustentar aquilo que dizemos com ações. Nada poderia ser mais persuasivo para as pessoas do que ver líderes seniores se comportarem de acordo com suas palavras, ainda mais quando as ações não são gratuitas. Será preciso muitas ações e muito tempo, o que implica que não se deve esperar a adesão das pessoas a partir do momento em que se fala.
- *Visualização*: coisas que as pessoas veem são mais suscetíveis a evocar emoções do que aquilo que ouvem ou leem. Portanto, você deve ajudá-las a visualizar o que está tentando vender. Em vez de simplesmente dizer "Precisamos focar no cliente porque o fará feliz", é melhor lhes mostrar um vídeo de pessoas felizes elogiando a empresa

em relação ao tratamento com o cliente. Da mesma forma, em vez de dizer "Precisamos ser mais inovadores porque salvaria a vida das pessoas", é melhor trazer pacientes para a empresa para que relatem aos funcionários como os produtos da empresa salvaram suas vidas.

Um bom exemplo do poder de visualização é explicado por David Pottruck, o antigo CEO da Charles Schwab. Em 1995, a Schwab tinha duas divisões que ofereciam comércio online aos clientes em diferentes pontos de preço. Pottruck queria um único preço para a oferta online, mas não tinha certeza de como convencer a empresa. Em suas próprias palavras:[4]

> Tínhamos feito as projeções e sabíamos que, sem a mudança de preços, nossa liderança no mercado logo evaporaria. Mas os números não necessariamente convencem ou empolgam as pessoas... Para convencer a equipe de que a posição da Schwab não era tão segura quanto alguns poderiam pensar, pedi ajuda a quatro clientes descontentes que me enviaram cartas detalhando suas frustrações com o sistema de preços escalonados então em vigor. Pedi que se reunissem com os líderes para relatar suas queixas. Com esses clientes de alto faturamento bem diante deles, descrevendo em detalhes como achavam que a empresa estava lhes prestando um mau serviço e detonando sua confiança ao longo do processo, ignorar o problema deixou de ser fácil. Essas histórias, contadas pessoalmente e com grande paixão, foram muito mais persuasivas do que qualquer tabela certinha de números em uma planilha.

- *Storytelling*: histórias e como contá-las são mais suscetíveis a evocar emoções do que uma apresentação. Portanto, você deve sustentar o que está vendendo para as pessoas com histórias. Por exemplo, imagine se consultar com sua médica e ela chegar à conclusão de que você tem uma doença terrível. Felizmente, ela lhe informa que existem dois medicamentos

> possíveis para combater a doença: o medicamento A, que é 90% eficaz, e o medicamento B, que é 30% eficaz. Presumindo que os dois têm o mesmo preço e os mesmos efeitos colaterais, qual você escolheria? A resposta é obviamente a medicação A. Agora, imagine um cenário diferente. Você vai a sua médica, que lhe informa sobre a doença e depois lhe conta apenas sobre o medicamento A. Além disso, ela complementa a informação factual (que o medicamento A é 90% eficaz) com uma história negativa. Ela lhe diz que, como médica, tem que deixar claro que, mesmo que o medicamento A seja muito eficiente, não é perfeito. Na verdade, ele foi administrado a outro paciente na semana anterior e a condição dele não melhorou. Será que a informação adicional — a história de outro paciente que tomou o medicamento A e não melhorou — mudará a probabilidade de você aceitar o remédio? Em outras palavras, será que uma única história negativa reduzirá sua disposição de tomá-lo?

A maioria de nós gostaria de acreditar que não seremos afetados por uma única história, que basearemos nossa decisão apenas nos fatos. No entanto, em um estudo de simulação em que tal cenário foi apresentado às pessoas, o número de participantes dizendo que ainda tomariam o medicamento A diminuiu em quase 56%. É uma queda surpreendente, dado o fato de que apenas uma história foi contada. Os resultados do estudo completo são apresentados na Figura 3.2. Há quatro cenários na simulação.[5] O primeiro é quando os pacientes têm acesso aos fatos sobre o medicamento A acompanhados de uma história positiva; nesse caso, 88% optam por tomá-lo. No segundo cenário, os pacientes têm acesso aos fatos sobre o medicamento A, mas dessa vez são complementados com uma história negativa. Esse é o cenário descrito anteriormente. O número de pessoas dispostas a tomar o medicamento A cai para 39%. No terceiro cenário, são apresentados aos pacientes os fatos sobre o medicamento B juntamente a uma história negativa; nesse caso, apenas 7% optam por tomar o medicamento B. No quarto e último cenário, são apresentados aos pacientes os fatos sobre o medicamento B, mas dessa vez os fatos são complementados com uma história positiva. O número de pessoas dispostas a tomar o medicamento B salta para 78%, um aumento bastante surpreendente apenas porque foi contada uma história positiva.

Figura 3.2 O poder das histórias: um exemplo médico

		História negativa	História positiva
Média das informações	Medicação A com 90% de eficácia	39%	88%
	Medicação B com 30% de eficácia	7%	78%

Fonte: Angela Freymuth e George Ronan. Modeling patient decision-making: The role of base rate and anecdotal information. *Journal of Clinical Psychology in Medical Settings*, v. 11, n. 3, set. 2004.

Um resultado igualmente impressionante emerge de uma simulação realizada no contexto de um julgamento cujo júri tem que decidir se um sujeito é culpado de homicídio qualificado.[6] Os resultados são mostrados na Figura 3.3. Quando tanto a acusação quanto a defesa apresentam apenas fatos, o sujeito é acusado em 63% das vezes. Quando ambas apresentam histórias, o sujeito é indiciado em 59% do tempo. Mas veja o que acontece quando a acusação usa fatos e a defesa usa histórias: a indiciação cai para 31%. Em contraste, ela sobe para 78% quando a defesa usa fatos enquanto a acusação usa histórias. São resultados que enfatizam o quão importante é o storytelling ao influenciar o julgamento e as decisões das pessoas.

Figura 3.3 O poder das histórias: um exemplo jurídico

		Acusação	
		Fatos	Histórias
Defesa	Fatos	63%	78%
	Histórias	31%	59%

Fonte: Nancy Pennington e Reid Hastie. Explanation-based decision-making: Effects of memory structure on judgment. *Journal of Experimental Psychology: Learning, Memory and Cognition*, v. 14, p. 521-533, 1988.

Deveria ser óbvio que, para ganhar o compromisso emocional das pessoas, muitas táticas além de uma comunicação eficaz devem ser empregadas. Também deveria ser óbvio que é um processo demorado que requer muito esforço e energia por parte da administração. Se comparássemos o que é necessário para criar urgência por meio de táticas de susto *versus* o que é necessário para criá-la ao torná-la emocional, as pessoas entenderiam por que as empresas preferem a estratégia mais fácil e mais rápida das táticas de susto. Utilizar a estratégia do medo pode ser mais fácil, mas quase nunca é tão eficaz quanto a estratégia de tornar emocional a necessidade de mudança.

O que determina a eficácia das vendas

Caso consiga ganhar o compromisso emocional da equipe com a razão apresentada, você terá conseguido criar um senso positivo de urgência na empresa. Identificamos várias táticas úteis para usar na venda, mas *como* vender é apenas um dos fatores que determinam a eficácia dela. Uma vasta literatura sobre a difusão de inovações nos alertou para vários outros fatores que podem influenciar se seremos bem-sucedidos na comercialização de nossas ideias.[7] Sabe-se que a eficácia da venda é determinada por cinco fatores-chave (ver Figura 3.4), que são:

- O *vendedor* da inovação ou da ideia. Alguns são melhores vendedores do que outros. Isso significa que, se todo o resto é igual, os bons vendedores terão uma probabilidade maior de sucesso. Há vários aspectos que caracterizam os vendedores eficientes, como a credibilidade, a autenticidade e o quanto são percebidos como semelhantes pelos compradores; ou seja, se os compradores os veem como "um de nós".
- O *contexto* em que a venda é realizada. Por exemplo, o timing da introdução da ideia é favorável? A ideia se enquadra nas normas, nos valores e nas crenças predominantes na empresa? Existe uma necessidade "urgente" para a ideia? Além disso, não esqueça que você passou recentemente por outro processo de mudança. Você já se justificou por alguma promessa não cumprida ao longo das tentativas? E se empenhou no contexto adequado em relação ao sucesso da tentativa anterior?
- A própria inovação ou *ideia*. É mais fácil levar adiante algumas ideias do que outras. Se tudo correr de acordo, as ideias que se espalham rapidamente tendem a ser compatíveis com o que já estamos fazendo, não muito complexas,

fáceis de testar e vistas como "boas" ideias com muitos benefícios em relação ao custo. Além disso, se os funcionários estiverem envolvidos no desenvolvimento das ideias e das iniciativas, e se sentirem que foram "ouvidos" e considerados como parte do processo de solução de problemas, será mais provável que aceitem as ideias e se comprometam com uma implementação bem-sucedida.

- *Como* o vendedor está tentando "vender" a inovação. Por exemplo, você criou um senso positivo de urgência? Enquadrou corretamente a necessidade de mudança? Buscou aliados para ajudá-lo? Você está criando vitórias antecipadas para gerar motivação?
- Quem são os *compradores* da inovação. Você precisa considerar quem são os compradores e por que devem comprar a ideia proposta. Também é preciso considerar diferentes estratégias para diferentes compradores.

Figura 3.4 O que determina quais ideias "se espalham"

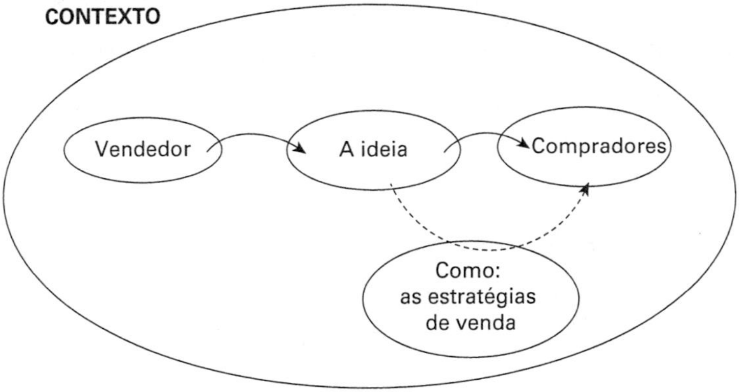

Qualquer um dos cinco fatores (ou uma combinação deles) pode determinar se você terá sucesso na venda da necessidade de mudança para a empresa. É verdade que as pessoas tendem a se concentrar no "como" e a colocar todas as energias para garantir que tenham as estratégias corretas para vender suas ideias. Isso é um erro. Os cinco fatores são importantes, e o foco em apenas um deles pode ser uma receita para o desastre. Os cinco são importantes, e você deve pensar estrategicamente sobre todos, de modo a usá-los a seu favor e assim aumentar a probabilidade de que a venda seja eficaz.

04

Prepare-se para qualquer disrupção

Como desenvolver comportamentos de agilidade

Há mais de duzentos anos, uma turma de estudantes alemães de dez anos foi convidada por seu professor a resolver um problema aparentemente difícil: "Adicionem todos os números de um a cem e me digam a soma total." A maioria de nós provavelmente fará uma rápida pesquisa no Google para encontrar a resposta a tal problema. Mas suponha por um minuto que você não tem o Google e não conhece a fórmula que lhe ajudará a calcular a soma. Como você abordaria o problema? Se for como os milhares de estudantes de MBA e executivos a quem mostrei o problema nos últimos trinta anos, provavelmente começará a adicionar os números linearmente (ou seja, 1+2+3+4 e assim por diante) e então desistirá, frustrado, após alguns minutos. Então se sentará, ocioso, esperando que alguém lhe dê a resposta, enquanto se sente bem com toda a experiência dizendo a si mesmo: "Quem liga?"

Acontece que uma daquelas crianças de dez anos de idade na sala de aula alemã chegou à resposta bem depressa. Em vez de adicionar os números de forma linear (1+2+3+4 e assim por diante), o aluno os adicionou em pares, como se segue: (1+100 = 101); (2+99 = 101); (3+98 = 101). Logo ele percebeu que tinha cinquenta pares, cada um somando até 101. Isso o levou à solução: 50 × 101 = 5050. Aquele garotinho acabou sendo um dos maiores matemáticos que a Alemanha (e o mundo) já criou. Seu nome era Carl Friedrich Gauss.

O que levou Gauss a inovar?

Espero que todos concordem que Gauss abordou o problema de uma forma criativa. É óbvio. Mas por que ele foi tão criativo? Porque lhe pedimos para pensar fora da caixa ou de forma inovadora? Obviamente, não! Porque lhe pedimos que fosse ousado? De novo: a resposta é não! O que, então, o levou à inovação? Para responder, precisamos comparar a forma como os outros abordaram o problema com a forma como Gauss o fez.

O que os outros estudantes fizeram foi acrescentar os números de forma linear. Quando esse método não ajudou, eles responderam dizendo (frustrados): "É um problema muito difícil de resolver no tempo que tivemos." Como todo mundo, Gauss tentou resolvê-lo de forma linear. Entretanto, quando o método não o ajudou a chegar a uma resposta, ele respondeu dizendo: "É um problema muito difícil de resolver *dessa maneira* no tempo que tivemos." Ele pensou de imediato: "Talvez haja outra maneira de resolvê-lo...", o que, por sua vez, levou-o a explorar outras maneiras possíveis de resolver o problema. No fim, ele teve sorte: encontrou uma maneira alternativa. Isso não significa que você encontrará uma solução alternativa toda vez que procurar outras formas de resolver um problema; pode ser que não encontre. Mas, ao iniciar a busca, ao menos há a chance de descobrir uma solução. Em contraste, o primeiro grupo de estudantes nunca chegou a uma solução porque desistiu de tentar.[1]

Há muitas coisas que podemos aprender com esse exemplo. Observe, primeiro, por que o grupo inicial desistiu de tentar resolver o problema. Fizeram isso por externalizarem a culpa e no processo se convenceram de que não havia nada que pudessem fazer em relação aos obstáculos que os impediam de resolvê-lo. Em outras palavras, se lhes perguntassem por que não conseguiram resolver a questão, responderiam: "Porque é muito difícil" ou "Não nos deram recursos adequados para resolvê-lo" ou "O professor nunca nos deu uma boa razão para que nos importássemos". Como não era possível mudar nenhum desses obstáculos — não podiam mudar o problema, os recursos disponíveis, ou o professor —, perderam toda a esperança de resolver a questão e assim desistiram. Isso fez com que nunca encontrassem a resposta. Gauss, por sua vez, não externou a culpa. O que ele culpou por sua incapacidade de resolver o problema foi a metodologia. Algo libertador, porque a metodologia que você utiliza está sob seu controle. É possível fazer algo a respeito? Pode apostar que sim! Pode tentar usar uma metodologia diferente. Foi exatamente o que Gauss fez e o que o levou à resposta.

É um ponto importante, então voltaremos a ele no próximo capítulo. Sendo mais específico, vamos explorar como fazer com que nossa equipe se concentre nas coisas que pode mudar em vez de externalizar a culpa, reclamando da cultura da empresa ou de seus processos, ou de seus (falta de) incentivos. Mas para este capítulo quero usar o exemplo de Gauss a fim de trazer outro ponto crucial: ele não inovou porque lhe pedimos que inovasse. Não fez isso porque lhe pedimos para pensar fora da caixa ou para ser criativo. Ele inovou porque questionou a metodologia. Isso sugere que a *inovação não é algo que podemos pedir às pessoas*. Ela é um subproduto de algo mais. O algo mais, nesse caso, é o questionamento ativo de nossas metodologias. A ideia é que, se *todos* na empresa questionarem as metodologias de forma *contínua*, então é provável que a inovação dê as caras. Pedir às pessoas que inovem ou que "pensem fora da caixa" não adiantará.

Questionar nossas metodologias não é o único comportamento que leva à inovação. Conhecemos vários outros comportamentos que estão associados a ela.[2] Por exemplo, olhar além dos limites estreitos de nossa empresa ou nossa área para obter ideias de outras pessoas e organizações pode ser outra importante fonte de inovação. Outro comportamento que pode levar à inovação é a experimentação — as tentativas sem medo de fracassar. Um exemplo clássico é a descoberta acidental do Viagra por pesquisadores explorando soluções para problemas cardiovasculares. Outros comportamentos conhecidos por levarem à inovação incluem colaboração e trabalho entre silos; disposição a arriscar e assumir responsabilidade pessoal pelos problemas; pensamento estratégico no negócio em vez de focar apenas na função delimitada; e trabalho próximo aos clientes e não clientes para encontrar soluções aos problemas deles ou para identificar novas necessidades emergentes.

Em resumo, há muitos comportamentos que podem levar à inovação, e sua associação é bem conhecida e bem estabelecida por pesquisas (ver Figura 4.1). Entretanto, o ponto-chave a ser contemplado é o fato de a inovação ser um subproduto dos comportamentos. Isso significa que, se cada funcionário de uma empresa se comportar assim de forma contínua, então a inovação ocorrerá. Portanto, em vez de pedir às pessoas que inovem, devemos lhes pedir que adotem esses comportamentos todos os dias e encorajá-las a fazer isso.

Figura 4.1 Quais comportamentos levam à inovação?

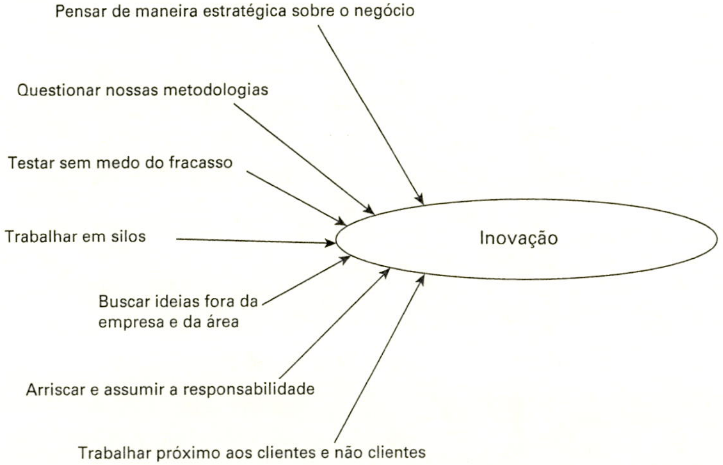

O princípio de que a inovação não é algo que podemos pedir às pessoas, mas é algo que surge se todos na empresa se comportarem de determinadas maneiras, com frequência também é aplicável ao conceito de *agilidade*. Isso é importante para nossos propósitos aqui porque, tendo criado um senso positivo de urgência na empresa, o próximo passo no processo de preparação para a transformação contínua é tornar a equipe ágil o suficiente para identificar e responder a qualquer disrupção que nos atinja. Como podemos fazer isso? Dado o que dissemos até agora, a resposta deve ser direta: não conseguiremos agilidade pedindo à equipe que seja ágil. O que devemos fazer é encorajar todos a adotar os comportamentos diários que levarão à agilidade. Assim como ocorre com a inovação, a agilidade não é algo que podemos pedir às pessoas. É, pelo contrário, um subproduto de algo mais — especificamente dos comportamentos diários que nos tornarão ágeis. Isso naturalmente levanta duas questões: quais são os comportamentos associados à agilidade? Como podemos fazer com que todos na empresa adotem esses comportamentos?

Quais comportamentos levam à agilidade?

Para ser ágil, uma empresa deve primeiro ser boa em identificar mudanças e disrupções antecipadamente, antes que se tornem grandes ameaças ou antes que a oportunidade seja explorada por outra pessoa. Desse modo, o *primeiro* comportamento que queremos encorajar na empresa é que cada funcionário se envolva no monitoramento contínuo de seu ambiente. Como Peter Schou, ex-CEO do banco dinamarquês Lån & Spar, me disse uma vez: "Como posso me manter à frente de todas as mudanças que estão acontecendo em minha área? Bem, contratei centenas de espiões cujo trabalho é me manter informado sobre as mudanças que acontecem por aí." Quando pressionado para explicar o que quis dizer com "espiões", ele respondeu: "São os famosos empregados."

Seria uma mudança radical para a maioria das empresas.[3] Em vez de ser conduzido uma vez por ano em uma hierarquia por alguns poucos funcionários como parte do processo de revisão da estratégia, o monitoramento deveria ser realizado de forma contínua por todos. Ou seja, em vez de depender de algumas pessoas para decidir que informações são importantes de coletar e analisar, as empresas precisarão mudar para um processo descentralizado, de baixo para cima e por *crowdsourcing*. As informações serão coletadas de forma contínua (em vez de uma vez por ano) usando sistemas sofisticados de gerenciamento e software de IA.

Além da coleta de informações e dados de fontes externas, devem ser empregadas pessoas internas para fornecer insights e informações. O conhecimento sobre o ambiente externo muitas vezes está dentro da empresa, com gerentes e funcionários sendo observadores permanentes do cenário empresarial. Como resultado, devem ser implementados processos para coletar, sistematicamente e de forma estruturada, dados, informações e opiniões sobre o ambiente externo não apenas de pessoas de fora, mas também de pessoas de dentro — tanto de gerentes como de funcionários. Mais importante ainda, deve ser feito de forma sistemática e contínua e não como uma atividade pontual.

O monitoramento do ambiente por todos de forma contínua é apenas o primeiro passo para a agilidade. As informações coletadas são inúteis, a menos que sejam processadas de forma rápida e correta para desenvolver insights acionáveis. O ideal é que ocorra da mesma forma descentralizada por todos na empresa. Nada melhor do que cada funcionário assumindo a responsabilidade dos problemas que surgem e agindo com rapidez para resolvê-los. A alternativa — enviar as informações para aqueles que estão no topo e esperar que as decisões sejam tomadas e comunicadas ao resto da empresa antes de tomar qualquer atitude — é exatamente o oposto do que é a agilidade. Um bom exemplo desse princípio é a rápida resposta da multinacional Haier Group à disrupção da covid-19. A empresa foi capaz de operar todas as fábricas em plena capacidade até o fim de fevereiro de 2020, dois meses após o início da crise do coronavírus. Uma grande razão foi a estrutura organizacional descentralizada que deu muita autonomia aos líderes da linha de frente para ajustar as próprias cadeias de fornecimento de acordo com conhecimentos especializados e informações atualizadas.[4]

Como o exemplo mostra, dar autonomia aos funcionários da linha de frente para decidir a quais disrupções responder e como responder é uma maneira eficaz de aumentar a agilidade organizacional. Entretanto, existe aqui um potencial campo minado. Se cada um na empresa agir da forma que achar conveniente, pode ocorrer caos e desastre. Como, então, podemos dar autonomia sem medo de perder o controle? Ou como podemos fazê-lo tendo a confiança de que as ações de cada funcionário visam ao mesmo objetivo?

Se pararmos para pensar, pais e mães em todos os lugares enfrentam o mesmo desafio com os filhos, especialmente quando as crianças se tornam adolescentes. Como podemos, como pais e mães, dar a nossos filhos autonomia para sair com os amigos sem supervisionarmos cada passo? Como podemos garantir que não abusem da liberdade e da independência que lhes damos, fazendo algo estúpido em nossa ausência? A resposta óbvia é estabelecendo alguns parâmetros claros do que podem e do que não podem fazer. Desde que a decisão que tenham que tomar esteja dentro desses parâmetros, são livres para tomá-la sem nos perguntar. Entretanto, se a decisão não se enquadra nesses termos, eles têm que pedir permissão.

O mesmo princípio deve ser aplicado dentro de uma empresa. Quando os funcionários têm que decidir se é sua responsabilidade responder a uma disrupção ou se devem relatá-la à diretoria para exame e análise posteriores, os parâmetros devem servir de guia. As decisões e as ações que se enquadram nos parâmetros podem ser tomadas com autonomia; as ações que se enquadram fora precisam primeiro ser aprovadas pela diretoria. Por exemplo, responder ao movimento de um concorrente aproximando-se de nossos clientes e lhes oferecendo um melhor serviço é algo que todo funcionário deve se sentir livre para fazer sem ter que pedir permissão. Decidir mudar o modelo de negócios da empresa ou desenvolver um segundo modelo ao lado do principal, não.

É claro que se levanta a questão: "Quais são os parâmetros que orientam as decisões e as ações das pessoas?" Mais uma vez, podemos nos inspirar em como fazemos com nossos filhos. Em casa, usamos dois tipos de parâmetros. Primeiro, ensinamos a nossos filhos os valores do que é certo e do que é errado; segundo, estabelecemos algumas regras e regulamentos que lhes informam sobre o que podem e o que não podem fazer. Como discutiremos no Capítulo 6, são os mesmos parâmetros que podem ser usados na empresa: os valores que informam às pessoas o que é certo fazer e as escolhas estratégicas claras que fizemos e lhes comunicamos para ajudá-las a decidir o que podem e o que não podem fazer. Parece bem simples, mas, para que os valores sejam eficazes, as pessoas precisam comprá-los, e a triste verdade é que a maioria das empresas não consegue "vendê-los" aos funcionários para conseguir adesão, como fazemos com nossos filhos. Como resultado, em vez de serem o farol que guia os comportamentos diários das pessoas, os valores acabam como decoração na parede da empresa e ninguém presta atenção neles. Pior ainda, a maioria das empresas não faz as escolhas difíceis que a estratégia exige, e, mesmo quando faz, não consegue articulá-las com clareza à equipe. Como resultado, a estratégia permanece um mistério para as pessoas que ela deveria guiar: os funcionários. Esse é um tópico que retomaremos no Capítulo 6 quando explorarmos como desenvolver uma estratégia clara e como comunicá-la com eficiência aos funcionários.

Mais comportamentos para a agilidade

Tendo decidido quais problemas ou disrupções devem ser reportados à diretoria e com quais disrupções os funcionários podem lidar por conta própria, estes precisam agir bem depressa na resolução dos problemas sob sua responsabilidade. A questão é que o que precisa ser feito em resposta às tendências, mudanças e disrupções identificadas muitas vezes não é óbvio ou claro. A paralisia por análise e a indecisão podem ocorrer, a menos que encontremos uma maneira de avaliar rapidamente se vale ou não a pena correr atrás de uma ideia. A melhor maneira de fazer isso é por meio da experimentação. Desde que as experiências sejam em pequena escala e de baixo custo, a experimentação pode acelerar nossa resposta e nos ajudar a aprender coisas novas no processo. O princípio orientador deve ser "falhe cedo, falhe com frequência", para avaliar depressa uma ideia e seguir em frente.

Um bom exemplo é fornecido por Hans Monderman, o engenheiro holandês de tráfego a quem é creditado o mérito de revolucionar o pensamento sobre projeto e segurança rodoviária. Imagine uma estrada ou um cruzamento em sua cidade onde acontecem muitos acidentes. O que você faria para melhorar os comportamentos de direção e reduzir o número de acidentes? A maioria das pessoas que enfrentam tal tarefa pensarão imediatamente em colocar mais semáforos ou placas de trânsito, ou mais policiais para monitorar a área. Mas não Hans Monderman. Ele criou o conceito de "rua desnuda" com base no princípio de que a *remoção* de todas as placas e afins — como semáforos, sinalizações nas vias e placas de trânsito — que deveriam deixar uma rua segura, na verdade, a deixaria mais segura. No lugar disso tudo, ele sugeriu a introdução de um espaço aberto e uniforme que os pedestres e motoristas deveriam "compartilhar". Ele também aconselhou o uso da arte para sinalizar o fluxo do trânsito — por exemplo, a altura do chafariz nas fontes de água pode ser usada para indicar o quão congestionado está um cruzamento. Em vez de calçadas elevadas, ele recomendou o uso de diferentes texturas e cores para sinalizá-las, assim como o uso de luzes para iluminar não apenas o acostamento, mas também as áreas de pedestres. Sugeriu a ampliação das cafeterias até a beirada da rua para reforçar ainda mais a ideia de espaço compartilhado. E propôs a remoção de toda a sinalização nas ruas, incentivando as pessoas a negociarem o direito de passagem pela interação humana e pelo contato visual.

Ele argumentou incansavelmente por mais de vinte anos a favor dessas ruas "desnudas" como alternativa mais segura às vias cheias de sinais e marcações. Ele reclamava com frequência que o design das vias no mundo ocidental era baseado na (equivocada) crença de que dirigir e caminhar eram meios de transporte totalmente incompatíveis e que os dois deveriam ser o mais separados possível. Isso levou os engenheiros de tráfego a projetar amplas estradas cortando áreas residenciais, dividindo bairros, desencorajando a atividade de pedestres e destruindo a escala humana do ambiente urbano. A sinalização rodoviária proliferou e se tornou a principal forma de impor o comportamento. Monderman considerou isso como sendo algo contraproducente e defendeu uma mudança na política. Pense sobre as ideias que ele propôs. Se você tivesse sido chefe dele, como teria reagido a elas? É difícil pensar em alguém que não as considerasse loucas. Como previsto, os argumentos entraram por um ouvido e saíram pelo outro, e suas ideias sofreram a resistência esperada de seus colegas engenheiros.

Para provar sua ideia, ele empreendeu uma série de experimentos nos quais reconstruiu vias, tornando-as mais estreitas e removendo semáforos e placas de sinalização. Em uma famosa experiência, redesenhou totalmente uma rotatória na cidade de Drachten, na Holanda, removendo todos os sinais de trânsito, eliminando os meios-fios e instalando arte. O resultado: todos os acidentes de trânsito praticamente desapareceram. Em outro experimento em West Palm Beach, na Flórida, as vias foram diminuídas e estreitadas. Como resultado, o tráfego diminuiu tanto que as pessoas se sentiram seguras para andar por lá, o que levou a um aumento no tráfego de pedestres, atraindo novas lojas e novos prédios de apartamentos. Os valores das propriedades duplicaram. Sucessos assim mudaram a opinião pública sobre Monderman. Inicialmente vilipendiado como um perigoso inconformista, ele logo se tornou um engenheiro de tráfego “pioneiro”. Mais de cem esquemas de espaço compartilhado foram introduzidos em sua cidade natal, Frísia, e nas províncias de Groningen e Drenthe, e suas ideias foram implementadas em vários países europeus, bem como nos EUA, Canadá, Rússia, África do Sul, Austrália, Japão e Brasil.

É fácil se deixar levar pelas ideias, mas, para não nos esquecermos, todas as ideias de Monderman foram impulsionadas por uma forte crença subjacente: a de que as ferramentas tradicionais usadas pelos engenheiros de tráfego para influenciar o comportamento dos motoristas (tais como semáforos, sinais de trânsito e marcações nas vias) não só são ineficazes, como também são totalmente perigosas. Ele acreditava de verdade que os sinais de trânsito levavam os motoristas a uma falsa sensação de segurança e removiam todo sentimento de responsabilidade pessoal por parte dos motoristas. Em vez de sinais, ele acreditava que a arquitetura, ou o design da via, deveria encorajar as pessoas a se comportar da maneira correta. Como ele disse: “Não se pode esperar que os semáforos e as marcações encorajem [os comportamentos corretos]. Você tem que incorporá-los ao design da via.”[5]

Não há dúvida de que pedir e encorajar os funcionários da linha de frente a se engajar em experiências melhorará nossa agilidade diante das disrupções. Isso nos permitirá testar rapidamente se uma ideia funciona ou não. Também nos permitirá coletar dados que podem ser usados para convencer a empresa quanto à capacidade de atração da ideia — algo que nos pouparia dos infinitos debates e argumentos necessários para convencer o resto da empresa a parar de resistir à ideia e embarcar na viagem. Finalmente, poderemos aprender coisas novas e inesperadas sobre nossa resposta e como fazê-la melhor. O aprendizado será muito aprimorado se os funcionários "falarem a mesma língua" em toda a empresa. Uma maneira de conseguir isso é incentivando a colaboração e o intercâmbio entre funções e departamentos. Trabalhar entre silos é, portanto, outro comportamento que pode nos ajudar a sermos mais ágeis.

Em resumo, há numerosos comportamentos cotidianos que estão associados à agilidade (ver Figura 4.2). O importante é fazer com que todos na empresa adotem esses comportamentos. É mais fácil falar do que fazer, então discutiremos esse tópico a seguir.

Figura 4.2 Quais comportamentos levam à agilidade?

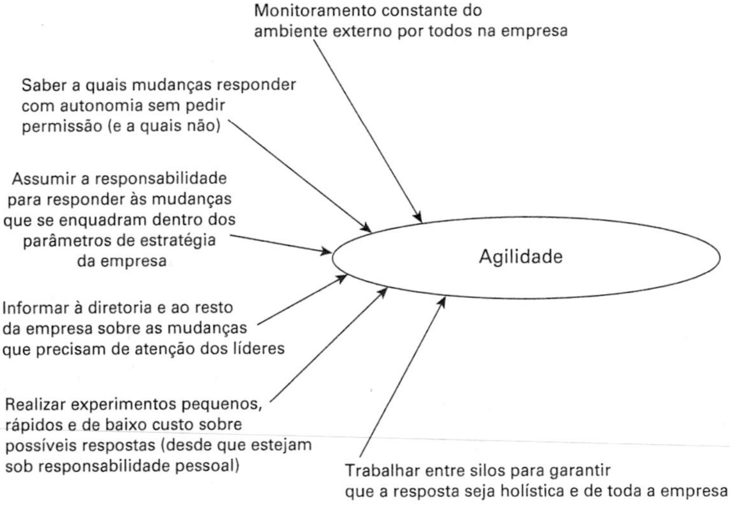

Como podemos suscitar esses comportamentos em todos?

Uma coisa é fazer uma lista de comportamentos que queremos na empresa, e outra é suscitá-los. Na verdade, evidências mostram que os funcionários raramente se comportam da maneira maravilhosa que acabamos de descrever. Não é assim, mesmo quando lhes comunicamos claramente os comportamentos que queremos e esperamos. Não há exemplo melhor — de pessoas que *não* fazem o que sabem que devem fazer — do que o seguinte.[6] Em 30 de maio de 2008, um terrível atropelamento e fuga foi flagrado pelo sistema de segurança CCTV em Hartford, Connecticut. Ele mostrou Angel Arce Torres de 78 anos atravessando uma rua de mão dupla quando foi atingido por um Honda em alta velocidade. O incrível (capturado no vídeo) foi que ninguém se preocupou em correr para ajudá-lo ou mesmo parar o trânsito enquanto ele ficava imóvel na rua. Vários carros passaram por ele sem parar enquanto algumas pessoas olhavam da calçada. Alguns se aproximaram de Torres, mas a maioria não fez nada até que um policial respondendo a um chamado não relacionado chegou ao local. O incidente causou indignação na imprensa, e o chefe da polícia de Hartford foi citado dizendo que a falta de ação por parte dos transeuntes mostrou que a nação tinha perdido sua bússola moral. "No fim das contas, temos que olhar para nós mesmos e entender que nossos valores morais mudaram", disse o chefe de polícia Daryl Roberts. "Não temos nenhuma consideração um pelo outro."[7]

É interessante notar que a polícia culpava nossos valores morais "alterados" por esse estado das coisas como se um incidente como aquele não pudesse ter acontecido há meio século (porque, presumivelmente, tínhamos valores morais mais fortes naquela época). No entanto, um incidente muito semelhante ocorreu há meio século. Aconteceu em Nova

York, em 1964, e envolveu uma mulher de 29 anos chamada Kitty Genovese.

A jovem voltava para casa de seu trabalho como gerente de bar na noite de 13 de março de 1964. Ela estacionou o carro a cerca de 30 metros da porta de seu apartamento, que ficava na parte de trás do prédio. Enquanto caminhava até lá, ela foi atacada por um homem que a esfaqueou duas vezes nas costas. Seus gritos por socorro foram ouvidos por vários vizinhos (adormecidos) e pelo menos um deles gritou ao homem para "deixar aquela garota em paz". Quando o agressor fugiu, Genovese conseguiu ir lentamente até a entrada dos fundos do prédio, onde desmaiou. O agressor voltou dez minutos depois e a encontrou gravemente ferida no corredor ao fundo do prédio, onde a porta trancada a impediu de entrar. Ele a matou.

O assassinato causou comoção porque um artigo do *New York Times* publicado duas semanas após o crime afirmou que várias pessoas tinham ouvido ou visto momentos do ataque, mas ninguém fez nada para ajudar.[8] De acordo com a história do *Times*, 37 pessoas testemunharam o assassinato, mas não fizeram nada. A polícia revelou mais tarde que eram provavelmente 12 pessoas, e ninguém vira ou estivera ciente de todo o incidente. Muitos constataram ter ouvido os gritos, mas não perceberam que um homicídio acontecia. Embora a percepção inicial (de que muitas pessoas tinham visto o assassinato e ainda optaram por não fazer nada) seja provavelmente imprecisa, o fato é que poucas pessoas que ouviram os gritos chamaram a polícia e ninguém foi lá embaixo para investigar ou oferecer ajuda.

Esses são indiscutivelmente exemplos extremos, mas o problema que destacam — as pessoas que *não* fazem o que sabem que devem fazer — é comum nas empresas. Por exemplo, argumentamos que os funcionários deveriam monitorar o ambiente externo de forma constante e decidir por conta própria quais problemas relatar à diretoria e quais resolver sozinhos. Parece uma excelente ideia, mas quantas pessoas realmente fazem isso? A resposta é: não muitas. Um exemplo clássico foi revelado durante a crise da covid-19 em 2020 na China. Após o contágio da SARS em 2002, a China criou um sistema de relatórios para coletar informações sobre doenças de forma rápida e fácil de aldeias e de autoridades locais. O objetivo era então divulgar as informações para as autoridades regionais e nacionais para uma ação rápida. Foi uma boa ideia, mas falhou durante a crise da covid-19 porque as autoridades locais não relataram problemas por medo de serem escrachadas como portadoras de más notícias. Da mesma forma, argumentamos que os funcionários deveriam tomar as rédeas dos problemas e estar dispostos a se arriscar. Mais uma vez, é uma excelente ideia, mas quantas pessoas fazem isso? Sim, você adivinhou: não muitas. Por exemplo, estudos acadêmicos sobre comunidades online relataram que quase 90% dos membros tendem a ser preguiçosos sociais — evitam assumir responsabilidades e presumem que "alguém vai fazer". Não são exemplos isolados. Há provas estarrecedoras de que as pessoas não fazem o que sabem que devem fazer, um problema que passou a ser conhecido como a lacuna entre o saber e o fazer.[10]

O ambiente organizacional subjacente é o segredo

O que explica o problema? Por exemplo, por que ninguém correu para ajudar Kitty Genovese ou Angel Arce Torres mesmo sabendo que a coisa certa a fazer é tentar ajudar? Como observado anteriormente, algumas pessoas apontaram o dedo para a corrosão dos valores morais em nossa sociedade. Outros afirmaram que nossa cultura é a culpada por incentivar comportamentos individualistas e a busca pelo benefício pessoal sem se importar com os outros. Houve ainda quem argumentou que o problema está na pressão do tempo que todos nós enfrentamos, algo que muda nossas prioridades. Mesmo os incentivos subjacentes têm sido criticados: algumas pessoas argumentaram que talvez não paremos para ajudar porque temos medo de nos meter em problemas — afinal, todos ouvimos falar do caso do homem que correu para uma casa pegando fogo, na tentativa de salvar uma mulher, e que acabou sendo processado por ela por um dano sofrido em sua coluna vertebral enquanto o sujeito tentava tirá-la da casa.

Há três pontos-chave a serem observados a partir disso. O primeiro é que não foi o conhecimento que produziu os comportamentos, mas um conjunto de outros fatores. Em outras palavras, as pessoas não se apressaram para ajudar Kitty Genovese ou Angel Arce Torres *não* porque não sabiam que deveriam. Disso elas sabiam, mas outros fatores intervieram para impedi-las de fazer o que sabiam que deveriam fazer. Isso também é uma verdade dentro das empresas. Se os funcionários não estão seguindo os maravilhosos comportamentos associados à agilidade que descrevemos, a razão não é que não estão cientes de que precisam fazer algo. Estão, sim, mas alguns fatores dentro da empresa os impedem. Ou seja, para corrigir comportamentos não tão bons, devemos primeiro mudar os fatores subjacentes que os produziram. Não faz sentido dizer às pessoas o que devem fazer se os fatores subjacentes não sustentam o que pedimos. A falha em "corrigi-los" nos levará aos mesmos comportamentos não tão bons, de novo e de novo, não importa o quanto regulamos ou o quanto mudamos as pessoas que produziram os comportamentos. Numerosos estudos acadêmicos têm encontrado embasamento para esse argumento. Por exemplo, temos vários experimentos celebrados no campo da psicologia social — como o experimento de aprisionamento de Stanford ou o experimento de Milgram — que mostraram que o conjunto de fatores pode ter uma influência maior na forma como as pessoas se comportam do que nossa própria personalidade ou nossos valores morais.[11]

O segundo ponto a ser observado é que existem vários fatores que produzem o comportamento não tão bom, tais como incentivos, pressão do tempo, valores morais subjacentes, pensamento de grupo, difusão da responsabilidade, medo de responsabilidade excessiva, e assim por diante. Os incentivos são importantes, mas são apenas um desses fatores. É importante ressaltar esse ponto porque os economistas sempre consideraram os incentivos como o principal fator que impulsiona os comportamentos humanos e os usaram para explicar todos os tipos de comportamento.[12] Não há dúvida de que os incentivos são importantes, mas não são o único fator que impulsiona comportamentos, e é questionável se são mesmo o fator mais importante. Isso sugere que mexer apenas nos incentivos não será suficiente para mudar a forma como as pessoas se comportam. *Todos* os fatores subjacentes, ou pelo menos muitos deles, terão que sofrer influência se quisermos mudar os comportamentos que produzem.

O terceiro e último ponto a ser observado é que todos os fatores estão interligados. Isso é importante porque significa que, se tentarmos consertar um deles, podemos causar uma mudança em outro, o que pode desencadear uma série de consequências não intencionais pelo caminho. O problema ficaria ainda pior. Infelizmente, essa questão surge demasiadas vezes nas empresas porque temos a tendência de abordar os problemas por meio do pensamento linear: uma vez que um empecilho surge, procuramos as razões mais óbvias e as resolvemos. Isso quase nunca funciona porque nossas ações afetam outros fatores menos óbvios, desencadeando uma série de consequências não intencionais. Um bom exemplo vem das ações do estado do Oregon para resolver o problema da metanfetamina. Como descrito por um jornal local em 2007: "O Oregon adotou as leis antimetanfetamina mais rigorosas do país, eliminando ingredientes-chave e dando início a uma guerra nacional, até mesmo global, contra o que muitos consideram o narcótico ilegal mais viciante e perturbador. Hoje, é inegável que as leis do Oregon foram extremamente bem-sucedidas em um quesito: os laboratórios de metanfetamina que colocavam crianças em perigo e criavam depósitos escondidos de lixo tóxico em porões e quintais em todo o estado foram praticamente eliminados." [13] Apesar do sucesso, o artigo comenta ainda que "[a polícia] indica, no entanto, que o sucesso tem tido consequências não intencionais"[14] e, devido a um "influxo maciço de metanfetaminas fornecidas pelos cartéis de drogas mexicanos",[15] a economia de metanfetaminas foi direcionada para "superlaboratórios" que podem ser encontrados no sul da Califórnia e no México, o que acabou dificultando o trabalho da polícia. Ou seja, resolver as raízes mais óbvias de um problema nunca é a resposta. A solução exige que paremos de pensar de forma linear e procuremos soluções longe de suas raízes imediatas e mais óbvias.

Tendo argumentado que é o conjunto de vários fatores interligados e inter-relacionados que produz comportamentos, a questão que se coloca é como chamar esse conjunto de fatores. No campo da psicologia social, ele passou a ser conhecido como a "situação" ou o "contexto" subjacente em que as pessoas são colocadas. No campo da dinâmica de sistemas, é chamado de "estrutura subjacente de um sistema". Para os propósitos deste livro, vamos chamá-lo de "ambiente organizacional" subjacente.

Compreender que o ambiente organizacional subjacente é o principal responsável pelos comportamentos observados em uma empresa é um dos princípios mais profundos na gestão. Embora simples, muitas vezes ficamos relutantes em aplicá-lo na forma como administramos as pessoas. Como resultado, quando algo dá errado, procuramos bodes expiatórios. Temos a crença inata de que, se alguém fez algo errado, esse indivíduo precisa ser punido. Raramente procuramos retificar o ambiente organizacional subjacente que o encorajava a se comportar mal. Por exemplo, considere a seguinte declaração de Charles Ferguson, diretor do filme *Trabalho Interno*, ao aceitar o Oscar de Melhor Documentário em 2010: "Três anos após uma horrível crise financeira causada por uma fraude maciça, nem um único executivo financeiro foi preso."[16] Esse é um exemplo clássico de culpar as pessoas por mau comportamento sem prestar atenção suficiente às razões subjacentes que as levaram ao mau comportamento. A triste verdade é que, se as razões subjacentes não forem corrigidas, os mesmos maus comportamentos surgirão de novo e de novo, não importa quantas pessoas você castigue ou quão severa seja a punição. O mesmo viés se manifesta em nossas tentativas de melhorar os comportamentos em uma empresa, removendo as "maçãs podres" e as substituindo por pessoas "melhores". Isso quase sempre falha. Não importa o quão "boas" sejam as novas pessoas. Se você as colocar no mesmo ambiente organizacional, logo terá os mesmos comportamentos ruins que teve com as pessoas "ruins".

Voltando agora ao tema central deste capítulo — como fazer com que cada funcionário de uma empresa adote os maravilhosos comportamentos de agilidade que identificamos anteriormente —, a resposta deveria ser óbvia. A única maneira de fazer com que a equipe se comporte assim é criando ao seu redor um ambiente organizacional que apoie e promova esses comportamentos. Se o ambiente organizacional existente não produzir os comportamentos desejados, precisamos mudá-lo. Tal tarefa pode parecer bem difícil, mas, como comentou Jay Forrester: "Todos [os sistemas sociais] parecem ter alguns pontos sensíveis de influência por meio dos quais o comportamento do sistema pode ser mudado."[17] Vamos explorar esse tópico no próximo capítulo.

O que é o ambiente organizacional?

Até o momento, definimos o ambiente organizacional como o conjunto de fatores interligados que determinam como as pessoas se comportam nesse ambiente. Ajudará se formos um pouco mais específicos sobre os fatores. Existem obviamente muitos elementos que compõem o ambiente organizacional, mas os principais que iremos considerar aqui são quatro: o primeiro é a *cultura* da empresa, que inclui as normas, os valores e os pressupostos inquestionáveis; o segundo são a *estrutura* e o *processo* da empresa, compreendendo não apenas a hierarquia formal, mas também a configuração física, bem como os sistemas (informação, recrutamento, pesquisa de mercado e similares); o terceiro é o *incentivo* positivo ou negativo, tanto monetário quanto não monetário; e o quarto, finalmente, são as *pessoas* que contratamos, trazendo consigo seus próprios mindsets, atitudes e pressupostos. É a combinação dos quatro elementos que cria o ambiente organizacional subjacente, que, por sua vez, produz comportamentos que ou criam ou resolvem um problema, como é mostrado na Figura 4.3.

Figura 4.3 O que é o ambiente organizacional?

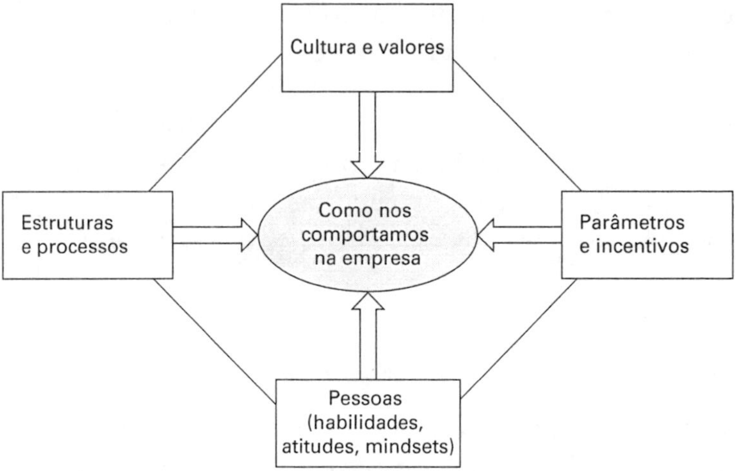

Um bom exemplo de como o ambiente organizacional determina os comportamentos é o da empresa sueca de streaming de música e vídeo Spotify.[18] A companhia adotou uma estrutura organizacional única que é composta por numerosas unidades autônomas de não mais de oito pessoas. Essas unidades são chamadas de esquadrões que, dependendo dos produtos ou das tecnologias em que estão trabalhando, são agrupadas em unidades maiores chamadas tribos, que estão conectadas por meio de divisões que servem como um centro corporativo para os esquadrões. Cada divisão tem um líder oficial que também é membro do esquadrão e cuja função principal é atuar como coach. Os membros podem trocar de esquadrão enquanto mantêm seu líder oficial da tribo. O tamanho pequeno dos esquadrões encoraja a tomada rápida de decisões, bem como as interações cara a cara e as relações pessoais. A cultura criada é amigável e de apoio. Não é surpresa saber que, em tal ambiente, os comportamentos de colaboração e de agilidade são difundidos e seguidos por todos os funcionários.

Considere também a empresa E. Leclerc, a maior varejista de alimentos da França em participação de mercado, cujas receitas anuais são de 38 bilhões de euros.[19] É difícil se diferenciar se você for um supermercado, mas a Leclerc construiu um ambiente organizacional único que permite que sua equipe seja de empreendedores ágeis enquanto parte de uma grande empresa. A estrutura organizacional da Leclerc é o primeiro elemento de seu ambiente que promove os comportamentos de agilidade, inovação e empreendedorismo: a empresa não é única, mas uma federação de empreendedores, cada um possuindo sua própria loja. Eles estão autorizados a negociar sob o nome Leclerc desde que respeitem certas normas e regulamentos, sendo estes os principais: ser a loja mais barata da região e não ser proprietário de mais de duas lojas. Cada loja tem total autonomia sobre seus negócios, mas também se coordenam com o escritório central em Paris e podem aproveitar os armazéns regionais da Leclerc para comprar a granel. Podem contar com o departamento central de compras da empresa para negociar preços e selecionar fornecedores. A cultura da empresa é o segundo elemento em seu ambiente que promove a tomada de iniciativas e a segurança psicológica. A empresa ostenta uma forte cultura familiar em que todos são tratados de forma justa e sincera e na qual todos são iguais. Os proprietários das lojas contribuem para o funcionamento da instituição, participando de reuniões regionais mensais, bem como de reuniões nacionais frequentes nas quais são trocadas informações e tomadas decisões estratégicas-chave. A cultura é sustentada pelo fato de que novas lojas Leclerc sempre são inauguradas por funcionários atuais, que recebem o apoio financeiro e as garantias dos atuais proprietários de lojas Leclerc.

Há mais elementos do ambiente organizacional da Leclerc que poderíamos apontar. Por exemplo, a empresa está unida por uma visão comum e profundamente sentida de que não está apenas vendendo produtos alimentícios, mas também mudando a sociedade francesa e corrigindo práticas desleais no sistema. Os sistemas de incentivo da empresa também são bastante exclusivos: cada proprietário de loja deve distribuir 25% dos lucros da loja a seus funcionários no fim de cada ano. Mas a mensagem geral que quero transmitir é que é a combinação de todos esses fatores que compõe o ambiente organizacional e que é esse ambiente que, por sua vez, determina em grande parte como as pessoas se comportam no dia a dia. Ou seja, para obter os comportamentos de agilidade que identificamos anteriormente neste capítulo, precisamos primeiro criar um ambiente organizacional que sustente tais comportamentos. Levanta-se a questão: "Como podemos desenvolver um ambiente organizacional que sustente esses comportamentos?" No próximo capítulo, abordaremos esse tópico.

05

Desenvolvendo um ambiente organizacional aconchegante de forma descentralizada

A criação de um ambiente organizacional que apoia e promove os comportamentos de agilidade, como articulado no capítulo anterior, não precisa necessariamente ser feita de forma centralizada e nem realizada apenas pela diretoria. Gerentes individuais e líderes de equipe espalhados por toda a empresa podem operar grandes mudanças em seus ambientes organizacionais locais através de algumas ações simples e direcionadas. Feitas dentro dos parâmetros prescritos pela diretoria, as ações *descentralizadas* podem iniciar inúmeros pequenos incêndios, que podem se transformar em um inferno, o qual, por sua vez, transforma o ambiente organizacional de toda a empresa.

Para ilustrar esse exemplo, considere a história de David Kennedy. Você provavelmente nunca ouviu falar dele, mas ele é considerado um pioneiro e um pensador radical que está revolucionando a maneira como lidamos com as drogas nas cidades do interior. Kennedy é um candidato realmente improvável para isso: não é formado em criminologia, nem nunca estudou prevenção ao crime. Em vez disso, estudou filosofia em Swarthmore. No entanto, é tido como a única pessoa a apresentar uma estratégia consistente, viável e econômica para ajudar cidades do interior a lidar com o problema das drogas.[1] Qual é a grande sacada dele? Simples: não é possível resolver o problema sem a ajuda da comunidade local. E, para conseguir essa ajuda, é necessário ganhar a confiança das pessoas. Para isso, é preciso lhes demonstrar, por meio de ações (e com o tempo), que você realmente quer ajudá-las e que se importa de verdade. Assim, em vez de ir atrás de jovens traficantes com a intenção de prendê-los, que tal ajudá-los a sair das drogas?

Em uma experiência de 2004 em High Point, Carolina do Norte, Kennedy conseguiu que a polícia reunisse os jovens traficantes de drogas e lhes mostrasse vídeos deles traficando drogas. A polícia lhes disse que tinha preparado indícios contra eles e que estava pronta para a acusação. Mas, em vez de proceder com a acusação, ela deixou os jovens voltarem para casa. Depois, junto às famílias deles, um trabalho foi feito na intenção de ajudá-los a ter acesso a treinamentos e a novos empregos. A mensagem, que se espalhou rapidamente pelo bairro, era que os policiais não estavam ali para efetuar prisões. Em vez disso, queriam mesmo ajudar dando uma segunda chance aos adolescentes, mas ficariam furiosos se eles não a aproveitassem. Com o tempo, a polícia conquistou a confiança e a cooperação da comunidade local. Os próprios jovens começaram a apontar os grandes traficantes na área, levando-os à prisão. De acordo com a revista *Newsweek*: "Depois de quatro anos, a polícia em High Point havia varrido do mapa os traficantes de drogas. Eles compararam os números com os quatro anos anteriores e constataram uma queda de 57% nos crimes violentos na área mencionada."[2]

As táticas de Kennedy estão agora sendo adotadas pelos departamentos de polícia em todos os EUA. Embora a estratégia não esteja isenta de críticas — que veem a conduta como algo "bonzinho" demais com os criminosos —, departamentos de polícia em todo o país estão relatando resultados impressionantes de sua abordagem de "bom policial". A história ressalta um ponto-chave que quero trazer neste capítulo: pequenas mudanças podem ter um grande impacto.[3] O que Kennedy fez não é radical ou revolucionário. Não requer grandes investimentos nem muitos recursos. É algo que pode ser feito bem depressa e por poucas pessoas, mesmo um indivíduo. No entanto, veja o enorme impacto que teve! Esse é o princípio popularizado pelo livro de Thaler e Sunstein, *Nudge: Como tomar melhores decisões sobre saúde, dinheiro e felicidade*, e é o princípio que usarei neste capítulo para embasar o fato de que podemos criar um ambiente organizacional que apoia e promove os comportamentos de agilidade de forma descentralizada.

Pequenas mudanças, grande impacto

A história de David Kennedy não é uma história isolada. Há muitos exemplos que demonstram o princípio de que pequenas mudanças podem ter um grande impacto.[4] Por exemplo, milhares de pessoas morrem todos os anos à espera de uma doação de órgão compatível. Incentivar as pessoas a doar órgãos após a morte é, portanto, uma questão de vida ou morte para muitos pacientes. Alguns países são melhores nisso do que outros. De acordo com uma pesquisa da Gallup de 1993, 28% dos norte-americanos permitiram a doação ao assinar o cartão de doador.[5] Como mostra a Tabela 5.1, essa porcentagem é muito maior do que a taxa de consentimento em países como Dinamarca, Alemanha e Reino Unido, mas muito menor do que em países como Áustria, Hungria e França.[6]

Tabela 5.1 Porcentagem de pessoas em cada país que são doadoras de órgãos

País	Taxa de consentimento efetiva (%)
Dinamarca	4,2
Alemanha	12
Reino Unido	17,2
Holanda	27,5
Suécia	86
Bélgica	98
Polônia	99,5
Portugal	99,6
Hungria	100
França	100
Áustria	100

A questão comum que essas estatísticas levantam é: por que países como Áustria e França conseguem convencer muito mais pessoas a doar órgãos do que países como Dinamarca e Alemanha? É difícil ver a cultura ou a religião desempenhando um papel porque países que são muito semelhantes nesses aspectos (como Alemanha e Áustria, ou Dinamarca e Suécia) apresentam comportamentos dramaticamente diferentes. Também é difícil explicar por fatores demográficos (como renda per capita, níveis de educação ou expectativa de vida) porque os países europeus listados acima não diferem muito nisso.

Acontece que a razão por trás dessas diferenças dramáticas é muito simples. Nos países de baixo consentimento, as pessoas são convidadas a preencher um formulário que diz: “Assinale o quadradinho se você quiser participar do programa de doadores." Nos países de alto consentimento, o pedido é ligeiramente diferente: "Assinale o quadradinho se você *não* quiser participar do programa de doadores." Em ambos os casos, a maioria das pessoas não assinala o quadradinho. Mas, no primeiro caso, demonstra-se que elas não se tornam doadoras, enquanto no segundo caso ocorre o contrário.

O exemplo mostra obviamente que quem elaborou as perguntas tem uma influência e tanto sobre o que escolhemos fazer, uma observação feita no livro *Nudge*. Porém, mais importante, mostra que pequenas diferenças nas perguntas e nos pedidos feitos podem ter um grande efeito sobre o resultado. Como outro exemplo do princípio, considere a quantidade de alimentos que comemos na companhia de outras pessoas. Qual seria seu palpite: você acha que vai comer mais ou menos se estiver com outras pessoas do que se estiver sozinho? Diante disso, você esperaria por diferenças mínimas — afinal de contas, a fome deveria ser satisfeita pela mesma quantidade de alimentos, quer você coma sozinho ou não. Ainda assim, considere a Tabela 5.2.[7]

Tabela 5.2 Quanto mais gente come com você, mais você come

Pessoas comendo com você	Quanto você come (vs. comendo sozinho)
1	33% mais
2	47%
3	58%
4	69%
5	70%
6	72%
7	96%

Não apenas comemos mais quando temos companhia, mas a natureza das pessoas que comem conosco pode ter um efeito significativo na ingestão de alimentos. Por exemplo, as mulheres tendem a comer mais quando comem com um homem do que quando comem com outra mulher, e todos nós tendemos a comer significativamente mais quando comemos com o cônjuge, a família ou os amigos.[8]

O Efeito Borboleta[9]

Ambos os exemplos destacam um princípio fundamental que está no cerne deste capítulo: mudanças pequenas e aparentemente triviais no ambiente imediato ou na forma como nos comportamos podem ter uma grande influência sobre o que as pessoas fazem ou como se comportam.

Não é um princípio novo. Em 1961, um meteorologista do MIT chamado Edward Lorenz construiu um modelo matemático contendo um conjunto de 12 equações diferenciais para prever os padrões meteorológicos. Um dia, ele quis reexaminar uma sequência de dados vindos de seu modelo e, para poupar tempo, inseriu manualmente os dados no modelo a partir da impressão da execução anterior. Para seu espanto, os resultados da segunda execução foram dramaticamente diferentes dos da anterior. Após uma análise mais aprofundada, ele percebeu que havia inserido os dados com três pontos decimais, enquanto na execução anterior havia usado os mesmos dados, mas com seis pontos decimais. Essa pequena diferença nas condições iniciais tinha produzido resultados completamente diferentes. As observações acabaram por levá-lo a formular o que agora chamamos de "efeito borboleta" — um termo derivado de um trabalho acadêmico que Lorenz apresentou em 1972, intitulado: "Predictability: Does the flap of a butterfly's wings in Brazil set off a tornado in Texas?" [Previsibilidade: o bater de asas de uma borboleta no Brasil pode causar um tornado no Texas?]

O efeito borboleta tem sido usado para explicar inúmeras mudanças importantes na sociedade. Por exemplo, em seu maravilhoso livro *O ponto da virada: Como pequenas coisas podem fazer uma grande diferença*, Malcolm Gladwell descreve como William Bratton — primeiro como chefe da força policial da New York Transit Authority, entre 1990-1994, e depois como chefe do Departamento de Polícia de Nova York entre 1994-1996 — conseguiu reduzir drasticamente o crime na cidade de Nova York implementando algumas (aparentemente) pequenas mudanças, tais como fiscalização do não pagamento do bilhete do metrô e perseguição a pessoas que cometiam crimes de qualidade de vida, como ficar bêbado e fazer xixi em público.[10] Da mesma forma, no livro *Nudge*, os professores Richard Thaler e Cass Sunstein descrevem vários exemplos nos quais pequenas mudanças produziram resultados radicais. Por exemplo, ao desenhar uma mosca preta em cada urinol, as autoridades do aeroporto de Schiphol, em Amsterdã, evitaram que homens espalhassem urina pelo banheiro em 80%. Da mesma forma, as autoridades do estado de Minnesota conquistaram um aumento significativo no cumprimento das obrigações fiscais simplesmente dizendo às pessoas que mais de 90% dos cidadãos da cidade já haviam cumprido todas as obrigações fiscais. Outro exemplo do uso de Thaler e Sunstein vem do estado do Texas, cujas autoridades conseguiram uma redução de 29% no lixo à beira da estrada dentro de um ano após o lançamento da campanha publicitária "Don't Mess with Texas" [Não mexa com o Texas].[11]

Exemplos igualmente impressionantes do efeito borboleta foram fornecidos por psicólogos sociais através de uma série de experimentos.[12] Por exemplo, demonstrou-se que, se um amigo pedir a alguém para doar sangue, a taxa de sucesso pode subir de 25% para 67%. Mais importante ainda, nenhuma das pessoas no experimento sem incentivo de um amigo doou sangue, enquanto 33% dos participantes do experimento com incentivo apareceram para doação.[13] Da mesma forma, o simples elogio a uma criança por ela já estar de banho tomado e arrumada quadruplicou sua higiene no curto prazo, um comportamento que permaneceu inalterado muito tempo após a conclusão do experimento. As crianças que receberam ordem para se arrumar mais duplicaram seu asseio no curto prazo, mas voltaram ao mesmo nível do pré-teste após o experimento. As crianças que não foram instruídas nem elogiadas por estarem arrumadas não mudaram o comportamento de higiene.[14]

Dentro do mundo dos negócios, temos também vários exemplos nos quais mudanças pequenas e aparentemente insignificantes podem ter grande impacto na forma como as pessoas se comportam. Por exemplo, nas famosas "Experiências de Hawthorne" realizadas entre 1927-1932 na fábrica Hawthorne, da Western Electric Company, em Chicago, a produtividade dos funcionários da linha de montagem aumentou entre 30% e 40% devido a mudanças em várias condições, tais como a frequência e a duração dos períodos de descanso e dos intervalos para refeições. A produtividade aumentava se as condições fossem ampliadas ou diminuídas![15] Em outro estudo, foi pedido aos trabalhadores de uma fábrica de pijamas que aceitassem uma mudança aparentemente pequena na forma como o traje era costurado ou encaixotado. Um grupo de trabalhadores foi apenas informado sobre a mudança. Com o outro grupo, solicitou-se a uma equipe selecionada de trabalhadores que se reunisse com a gerência e depois informasse ao resto dos funcionários sobre a mudança e ajudasse na implementação. Em outro grupo, todos os funcionários se tornaram "operadores especiais" e solicitou-se que ajudassem a implementar a mudança. A diferença nos ganhos de produtividade foi gritante. O primeiro grupo vivenciou uma queda acentuada na produtividade e perda de moral (17% deixaram o emprego). No segundo grupo, não houve perda de moral (ninguém deixou o emprego) e a queda inicial de produtividade foi recuperada em duas semanas. No terceiro grupo, o moral permaneceu alto e uma leve queda na produtividade (por um dia) foi logo seguida por um aumento constante em um nível 15% superior ao nível pré-experimento.[16]

Mudança descentralizada por meio de pequenas ações

Como podemos aplicar o princípio dentro de uma empresa? No capítulo anterior, propusemos a necessidade de colocar em prática o ambiente organizacional que apoia e promove os comportamentos de agilidade. A questão que se coloca imediatamente é *como* criar tal ambiente organizacional. Uma maneira — e o método adotado pela maioria das empresas — é a hierarquia, através de um amplo programa de mudança cultural. Será a única maneira? O efeito borboleta argumenta que existe uma alternativa e possivelmente uma maneira melhor: gerentes e líderes de equipe poderiam assumir a responsabilidade de incorporar pequenas mudanças no *próprio* ambiente. O tipo certo de mudanças, feitas corretamente, pode produzir grandes mudanças em cada um dos ambientes. Se todas as mudanças locais forem realizadas dentro de uma estrutura abrangente e dentro de parâmetros estratégicos desenvolvidos pela diretoria, então o total de muitas mudanças locais poderia se somar a uma grande mudança no ambiente organizacional de toda a empresa. O ponto-chave aqui é que os líderes e gerentes de equipes devem agir somente dentro de parâmetros e diretrizes claras estabelecidas pela diretoria, caso contrário, poderá ocorrer o caos. Desde que as ações individuais estejam dentro dos parâmetros, o conjunto das ações poderia resultar em uma grande mudança. Muitos pequenos incêndios poderiam se transformar em um inferno, que, por sua vez, transformaria o ambiente de toda a empresa.

Pesquisas acadêmicas identificaram uma série de exemplos de "pequenos incêndios" que os líderes poderiam começar a nível local com o objetivo de mudar o ambiente em que a equipe opera. De longe, as mais influentes das mudanças que podem ser adotadas são mudanças pequenas e simbólicas em nossos comportamentos do dia a dia. Todos sabemos que os funcionários prestam muita atenção à forma como seus líderes se comportam e ao que dizem. Com base no que veem ou ouvem, formam suas crenças, que tendem a ser reforçadas e fortalecidas ao longo do tempo. O conjunto dessas crenças nada mais é do que a cultura da empresa. O que isso implica é simples: se a cultura é criada através das ações cotidianas dos líderes, então a maneira de mudar a cultura é mudando esses comportamentos. Ao fazê-lo, os líderes têm uma carta na manga. Sabemos que tudo o que estes fazem ou dizem pode ser aumentado cem vezes pelas pessoas ao redor. Há uma implicação séria: os líderes devem escolher um ou dois comportamentos que querem mudar na empresa e adotá-los eles mesmos. O truque é fazê-lo de forma visível e simbólica. Como que por magia, os funcionários logo receberão a mensagem e começarão a se comportar da mesma forma.

Um bom exemplo que destaca esse ponto é a história de Nandu Nandkishore, líder de mercado da Nestlé das Filipinas em 2005, que conseguiu transformar a cultura da empresa local dentro de um ano. Como ele queria incentivar mais colaboração entre a equipe, a primeira mudança que incorporou quando assumiu o cargo foi um design totalmente novo do andar executivo onde recebia os secretários. Nandu retirou a entrada privativa para o chefe de mercado, os seguranças de seu escritório, seu banheiro privativo e os escritórios do secretariado que circundavam o dele e impediam que alguém fosse até ele sem permissão. No lugar, ele criou um andar mais aberto onde seu escritório (menor) era facilmente acessado por qualquer pessoa e onde as equipes interfuncionais se reuniam. Em cada andar do edifício, foram erguidas paredes de vidro reduzidas em altura de três metros para menos de um metro, a fim de proporcionar comunicação e interação mais fáceis entre as pessoas. Nandkishore também começou a fazer reuniões frequentes com a prefeitura, bem como visitas semanais ao mercado, e transformou em rotina a caminhada pelos andares várias vezes ao dia, conversando e interagindo com os funcionários. Não demorou muito para que toda a empresa recebesse a mensagem: colaboração e comunicação aberta são a nova regra.

Pequenas mudanças adicionais a serem empreendidas

Mudar simbolicamente nossos comportamentos não é a única coisa passível de mudança. Também é importante considerar a linguagem. Por exemplo, pesquisas acadêmicas demonstraram que temos mais probabilidade de influenciar as pessoas se enfatizarmos a identidade e não o comportamento delas, algo que já mencionei anteriormente.[17] Isso implica que somos mais propensos a encorajar comportamentos inovadores em uma empresa se dissermos às pessoas "sejam inovadoras" em vez de "por favor, inovem". Da mesma forma, é mais provável que alcancemos comportamentos cooperativos se dissermos aos funcionários "sejam colaborativos" em vez de "saiam de suas bolhas" ou "por favor, colaborem mais". Outro exemplo de como a linguagem pode ser usada para influenciar as pessoas é baseado no fato de que os seres humanos pensam de forma relativa. Um grande experimento que destaca esse princípio pede que as pessoas escolham entre seis dólares em espécie ou uma caneta boa.[18] A maioria, 85%, escolheu o dinheiro em espécie, e apenas 15% escolheram a caneta boa. Um segundo experimento deu aos participantes três opções: seis dólares em dinheiro, uma caneta boa ou uma caneta ruim. Surpreendentemente, 55% escolheram a caneta boa (com 40% escolhendo o dinheiro em espécie e 5% escolhendo a caneta ruim). O número de pessoas escolhendo a caneta boa passou de 15% no primeiro cenário para 55% no segundo cenário. Por quê? O que tornou a caneta boa uma alternativa tão atraente no segundo cenário? A resposta é simples: nós a colocamos ao lado da caneta ruim e isso elevou seu apelo aos olhos dos participantes. As pessoas pensarem de forma relativa é um fato bem conhecido. O que sugiro aqui é que podemos usar esse simples fato para influenciar os funcionários em relação aos comportamentos que desejamos. Como? Em vez de pedir às pessoas que adotem um comportamento X, é melhor lhes darmos a escolha entre dois comportamentos: o que queremos que adotem, X, e outro tão pouco atrativo que X se torna uma alternativa atraente.

Outra pequena mudança a considerar são os tipos de problemas que escolhemos comunicar à equipe com base em outro simples fato conhecido há anos: os seres humanos gostam de copiar o que os outros estão fazendo. Há muitas evidências de que as pessoas gostam de fazer o que as outras fazem. Um estudo realizado pelo professor George Land descobriu um declínio alarmante em nossa criatividade à medida que envelhecemos.[19] Por exemplo, quando um grupo de crianças de três a cinco anos de idade foi testado quanto ao pensamento divergente (um pré-requisito para a criatividade), cerca de 98% foram classificadas como "gênios criativos". As mesmas crianças foram testadas novamente cinco anos mais tarde e, de forma alarmante, os gênios criativos haviam caído para 32%. Pior ainda, quando as mesmas crianças foram testadas mais uma vez cinco anos depois, quando adolescentes, apenas 12% foram classificadas como gênios criativos. Quando um grupo de adultos acima de 25 anos foi submetido ao teste, apenas 2% receberam a classificação de "gênio". São os fatos, e eles basicamente mostram que, ao passarmos pela vida, aprendemos a nos conformar e a fazer o que as outras pessoas fazem. Os líderes podem usar esse fato para influenciar seus funcionários. Como? Por meio da "propaganda" dos comportamentos que querem encorajar na empresa. Por exemplo, anunciar que a maioria dos funcionários trabalha em equipe em vez de reclamar daqueles que não colaboram tanto quanto o desejado. Da mesma forma, anunciar que a maioria chega no horário correto em vez de reclamar daqueles que chegam atrasados. Simplesmente "fazer propaganda" do comportamento correto incentivará todos a copiarem-no.

Parece simples, mas a verdade é que fazemos exatamente o contrário nas empresas: reclamamos da falta de cooperação, ou de pessoas chegando atrasadas ao trabalho, ou da falta de experimentos suficientes. Ao fazer isso, estamos anunciando os comportamentos "ruins" e, no processo, incentivando até mesmo os bons funcionários a copiarem-nos. Um bom exemplo é dado pela campanha publicitária "Just Say No" [Apenas diga não], defendida pela falecida Nancy Reagan, esposa do ex-presidente Ronald Reagan, em meados dos anos 1980. Foi uma tentativa de encorajar alunos do ensino médio a resistir à pressão dos colegas para experimentar drogas. A mensagem era que, mesmo que muitos amigos e colegas estivessem envolvidos com entorpecentes, os adolescentes deveriam resistir à pressão para fazer o mesmo dizendo não às drogas. A campanha fracassou.[20] Uma razão fundamental é que, ao dizer às crianças que não deveriam ouvir os colegas de classe, a campanha estava de fato anunciando que muitos usavam drogas. Isso pressionou os adolescentes a se adaptar ao que "a maioria" estava fazendo. A lição é simples: faça propaganda dos bons comportamentos, não dos maus.

Outra mudança a ser considerada são os incentivos que utilizamos para motivar as pessoas. Enquanto pensamos imediatamente em dinheiro sempre que a palavra "incentivo" é falada, a verdade é que os incentivos não monetários podem ser igualmente, senão mais, impactantes no comportamento das pessoas, ainda mais em empresas nas quais o trabalho criativo e conceitual é a norma.[21] Entre os incentivos não monetários mais importantes que podemos usar estão o reconhecimento e os elogios, a atribuição de tarefas desafiadoras, a concessão de autonomia, e o tempo e a atenção da diretoria. São incentivos sob o controle direto de cada gerente e líder de equipe, o que significa que podem ser usados sem permissão vinda do topo. Além disso, ao contrário do dinheiro, não estão em falta.

Uma última mudança a ser pensada é o ambiente físico em que se trabalha. Considere um estudo de 2010 realizado por pesquisadores da Escola de Medicina Harvard.[22] Eles analisaram milhares de trabalhos acadêmicos revisados por pares mapeando a localização precisa dos coautores. Em seguida, exploraram se havia alguma relação entre a qualidade do trabalho e a proximidade entre os ambientes de trabalho dos coautores. O que descobriram foi que, quando os coautores estavam mais próximos uns dos outros, os trabalhos tendiam a ser de qualidade significativamente maior. Por exemplo, uma pesquisa melhor era produzida de forma consistente quando os coautores trabalhavam a menos de dez metros um do outro, enquanto uma produção de menor qualidade era desenvolvida por coautores localizados a um quilômetro ou mais de distância um do outro. Os resultados sugerem que as pessoas trabalharão mais efetivamente juntas quando são colocadas em ambientes físicos que permitem ou incentivam interações frequentes e físicas. Nos dias de hoje, em que o trabalho está se tornando mais virtual, as empresas terão que encontrar maneiras criativas de alcançar um bom desempenho.

Um bom exemplo que ilustra esse insight é o Prédio 20 no MIT. Foi construído em 1942 como uma extensão do Laboratório de Radiação para abrigar cientistas que trabalhavam em novas tecnologias para ajudar no esforço de guerra. Construído apressadamente para uso temporário, o Prédio 20 acabou sendo a incubadora de algumas das maiores inovações tecnológicas durante a Segunda Guerra Mundial, incluindo o desenvolvimento do radar. Qual foi o segredo do sucesso? De acordo com um relatório, foi a estreita colaboração entre cientistas de diferentes disciplinas alcançada principalmente por causa do design único do prédio: "É bem estranho, mas as próprias características e aspectos que o tornavam ruim também o tornavam ideal para a colaboração e a inovação. As paredes finas, de vigas de madeira, cobertas modestamente por compensado, permitiram aos engenheiros manipular o edifício para qualquer necessidade... Além disso, era comum se perder no lugar, o que, muitas vezes, levava os ocupantes a diferentes escritórios e laboratórios, e proporcionava oportunidades de discussão intelectual. Essas discussões informais nos corredores muitas vezes levavam à colaboração interdepartamental em novos projetos."[23]

Outro exemplo do mesmo princípio é dado pela insistência de Steve Jobs de que o campus da Pixar tinha que ser projetado de forma a facilitar as interações entre os funcionários. De acordo com um relatório: "[Steve Jobs] projetou o edifício para que as pessoas saíssem de seus escritórios e se misturassem no pátio central com pessoas que, de outra forma, poderiam não encontrar." O pátio "foi planejado por Jobs para abrigar os únicos banheiros do campus. A ideia era que as pessoas isoladas por natureza seriam forçadas a manter boas conversas, mesmo que isso acontecesse enquanto lavassem as mãos."[24]

Algumas pequenas ações são mais impactantes do que outras

Esses são apenas alguns exemplos das "pequenas" coisas que os gerentes ou líderes de equipe poderiam empreender para melhorar o ambiente organizacional em que os funcionários trabalham. Mas há muitos mais. O importante é permitir que cada gerente use a criatividade para apresentar ações que se ajustem ao seu estilo de gestão e à cultura da empresa. É claro que nem todas as pequenas mudanças resultarão em grandes mudanças. Certamente não devemos esperar que pequenas mudanças em tudo produza os efeitos desejados! Uma analogia pode ajudar na compreensão. Se você colocar um grão de areia em uma praia, nada vai acontecer. Entretanto, se colocar um grão de areia na ponta de uma grande pirâmide feita de areia, esse pouco peso extra pode causar o colapso de toda a pirâmide. É o que estamos procurando: pequenos grãos de areia que podem causar o colapso da pirâmide. A pergunta é: "O que são os grãos de areia em uma empresa?"

A resposta é identificar o que os acadêmicos no campo da dinâmica de sistemas chamam de pontos de "alta alavancagem" no sistema. Como comentou Jay Forrester, o pai fundador dessa disciplina acadêmica: "Todos [os sistemas] parecem ter alguns pontos sensíveis de influência através dos quais o comportamento do sistema pode ser mudado."[25] O truque, portanto, é encontrar quais são os pontos de alta alavancagem em determinado sistema ou empresa. Diferentes empresas têm diferentes pontos de alavancagem. Também é impossível identificá-los *ex-ante*, pois só se tornam evidentes após o fato. Ou seja, devemos abraçar o quanto possível as "pequenas" ações empreendidas na empresa. Quanto mais pequenas ações empreendemos, maior a probabilidade de que uma ou duas se tornem pontos de alavancagem elevados no sistema.

A abordagem descentralizada para mudar o ambiente organizacional defendida neste capítulo não pode ser bem-sucedida a menos que sejam estabelecidos parâmetros claros para orientar os gerentes e os líderes de equipe no que podem fazer e no que não podem fazer sem a aprovação da diretoria. Essa questão também foi levantada no último capítulo. Sim, os funcionários devem ter autonomia para responder a mudanças e a disrupções, pois isso aumentará a agilidade e a rapidez de resposta; no entanto, a autonomia sem algumas restrições ou parâmetros orientadores pode levar ao caos. Portanto, é imperativo que as pessoas saibam quais são os parâmetros-guia. Esse tópico será no próximo capítulo.

06

Como dar autonomia sem perder o controle

O último capítulo argumentou que podemos mudar o ambiente organizacional da empresa de forma descentralizada ao dar autonomia aos gerentes e líderes de equipe para introduzir *pequenas* mudanças no próprio ambiente. A soma dessas mudanças locais pode resultar em uma grande mudança no ambiente organizacional geral. Parece ser uma maneira muito melhor de mudar o ambiente organizacional da empresa do que a abordagem centralizada e hierárquica seguida pela maioria. Entretanto, a perspectiva descentralizada não é isenta de riscos. O que acontece se as ações individuais não se somarem a uma mudança coerente? A abordagem descentralizada proposta aqui é uma receita para uma mudança ascendente ou uma receita para o caos, com a organização se movendo em uma centena de direções diferentes?

São perguntas importantes a serem respondidas porque muitas coisas que propusemos neste livro até agora dependem de pessoas que operam com autonomia. Por exemplo, propusemos no Capítulo 4 que nossa capacidade de resposta às disrupções será reforçada se os funcionários da linha de frente puderem monitorar o ambiente externo de forma contínua e depois decidir quais mudanças devem ser comunicadas à diretoria e quais devem ser respondidas por conta própria e de que forma. Do mesmo modo, propusemos no Capítulo 5 que a melhor maneira de mudar o ambiente organizacional da empresa é dar aos gerentes e líderes de equipe a liberdade de realizar pequenas mudanças em seus respectivos ambientes organizacionais, cujo conjunto mudará o ambiente de toda a empresa. Como podemos garantir que a autonomia e a iniciativa que tomam conta da empresa não acabem em desastre?

Quando fiz essa pergunta ao sócio-gerente de uma corretora multinacional sediada nos EUA, sua resposta foi a seguinte: "Eu dou ao meu pessoal a tela e a tinta. Eles é que decidem o que desenhar e as maneiras de fazê-lo." O que ele quis dizer foi que os funcionários podem ter autonomia, mas dentro de certos limites: sim, eles podem desenhar o que quiserem, desde que seja em nossa tela, usando apenas a tinta que lhes damos. Uma analogia semelhante foi dada pelo CEO de uma cadeia de supermercados francesa: "Eu digo ao meu pessoal onde eu quero que estejam e a que horas. A decisão de como chegar lá é deles." Ambas as respostas sugerem que a resposta genérica à pergunta é bastante simples: você pode dar autonomia às pessoas, mas elas precisam estar dentro de certos parâmetros ou limites. Os parâmetros guiarão a equipe: quando a decisão que precisam tomar se enquadra nos parâmetros, terão autonomia para tomá-la; se, no entanto, a decisão estiver fora dos parâmetros, não terão autonomia para tomá-la e será preciso pedir permissão ou conselho à diretoria.

Poucas pessoas discordariam desse princípio, mas o diabo mora nos detalhes. Quais são exatamente os parâmetros? E qual é a diferença entre os parâmetros que orientam os comportamentos *versus* as regras e os regulamentos que destroem iniciativas? Vou explorar essas questões neste capítulo. Para ser mais específico, proponho que existem dois tipos de parâmetros que a empresa precisa colocar em prática. O primeiro é a estratégia claramente comunicada, que nada mais é do que as difíceis escolhas estratégicas que determinam quais decisões são "estratégicas" (e que devem ser tomadas somente pela diretoria) e quais são "operacionais" e podem ser tomadas pelos funcionários. O segundo parâmetro que vamos explorar são os valores e o propósito da empresa. Desde que estejam enraizados no DNA da organização, eles ajudarão os funcionários a decidir quais ações sustentam nossos valores e propósitos, e quais ações não o fazem. Isso, por sua vez, os ajudará a decidir o que fazer por conta própria e o que levar para que a diretoria decida. Não há nada de surpreendente nos dois tipos de parâmetros propostos aqui, mas o problema é que as empresas estragam a implementação de ambos de forma consistente e previsível.

Parâmetro 1: escolha clara de estratégia[1]

As decisões sobre estratégia são prerrogativas da diretoria e não podem ser delegadas aos funcionários. Por exemplo, decidir que clientes visar ou que produtos vender são decisões estratégicas e devem ser tomadas pela diretoria, assim como as mudanças na estratégia. Funcionários não podem mudar a oferta de produtos ou visar clientes sem a contribuição direta dos líderes. O feedback do mercado é obviamente importante e não pode ser ignorado. Se o feedback é sobre a necessidade de mudar ou ajustar a estratégia, então os funcionários devem relatá-lo aos gerentes para que estes possam decidir. Se o feedback for sobre questões operacionais, então os funcionários podem responder com autonomia. O princípio é, portanto, bastante simples: os funcionários podem ter autonomia para agir sobre questões operacionais que melhoram o que já está sendo feito, mas não sobre as escolhas estratégicas que a empresa fez e que definem a direção estratégica.

Obviamente, para que os funcionários saibam a diferença entre questões operacionais e estratégicas, eles devem primeiro saber quais escolhas estratégicas a empresa já fez. Ou seja, o parâmetro mais importante que vai orientar o comportamento dos funcionários — e que nos permitirá dar autonomia sem medo de perder o controle — é a estratégia comunicada de forma clara. E com isso quero dizer as escolhas difíceis que a empresa tomou em três frentes fundamentais: *quem* visar e quem não visar como cliente; *o que* oferecer e o que não oferecer ao cliente; e *como* encaminhar o jogo em relação aos concorrentes — isto é, quais atividades da cadeia de valor adotar e quais não adotar. Parece bastante simples, mas há provas estarrecedoras que mostram que os funcionários na maioria das empresas não conhecem as escolhas estratégicas tomadas. Por exemplo, um estudo acadêmico de 2013 relatou que, mesmo em empresas de alto desempenho com estratégias claramente articuladas, apenas 29% dos funcionários sabiam qual era a estratégia.[2] Não é uma descoberta isolada — em inúmeras pesquisas há relatos de que os funcionários parecem estar às cegas quando se trata da estratégia da empresa, apesar das afirmações da diretoria de que a estratégia é clara, bem comunicada e compreendida por seus funcionários.[3]

É um mistério com certeza! As empresas gastam quantidades enormes de recursos (tempo, dinheiro, atenção e energia) para desenvolver suas estratégias. Elas gastam quantidades igualmente impressionantes de tempo e energia para comunicar as estratégias ao restante do pessoal. Por que a maioria dos funcionários afirma não ter conhecimento das estratégias? Obviamente, há muitas razões para uma situação tão infeliz — talvez uma estratégia difícil de explicar, ou uma comunicação insuficiente (ou ruim) por parte da diretoria, ou uma escuta passiva ou falta de atenção por parte dos funcionários. Entretanto, quero destacar três razões específicas para a falta de clareza na estratégia.

Razão 1: não fazer as escolhas difíceis que a estratégia exige

A estratégia consiste em fazer escolhas difíceis: o que a empresa fará e, mais importante, o que *não* fará. A questão que se levanta de imediato é: "Escolhas sobre o quê?" Não há um consenso, mas no mínimo há três escolhas sobre estratégia que precisam ser feitas: *quem*, *o que* e *como*. Especificamente:

- Quem devemos e quem não devemos visar como cliente?
- O que devemos e o que não devemos oferecer aos clientes?
- Como devemos alcançar tais objetivos? Quais atividades da cadeia de valor devemos empreender e quais não devemos?

As escolhas feitas com base nesses três parâmetros constituem a estratégia da empresa, definem sua posição no setor e atuam como limites dentro dos quais a equipe pode agir com liberdade e autonomia. Escrevi, em outro lugar, *como* fazer as escolhas e *quem* é responsável por fazê-las.[4] O que as pessoas mais perguntam quando conhecem esse ponto básico é se essas três escolhas são as únicas que uma empresa precisa fazer ao desenvolver sua estratégia. As pessoas também perguntam com frequência sobre o *onde*, o *porquê* e o *quando*. A estratégia estaria incompleta se não fizéssemos escolhas sobre essas questões extras? Por mais válida que a pergunta possa ser, ela ainda não compreende o ponto. O problema real que a maioria das empresas enfrenta não é se precisam fazer três, quatro ou cinco escolhas, mas como fazer com que os gerentes seniores tomem decisões! O maior erro estratégico que elas cometem não é errar em uma ou duas escolhas na tomada de decisão, mas sim não fazer escolhas, algo abordado por Michael Porter há muito tempo.[5]

É impressionante quantas empresas caem na armadilha de não fazer as escolhas necessárias em termos de estratégia. Uma razão é o fato de que não são escolhas fáceis de se fazer *ex-ante*, já que há muitas respostas possíveis para cada uma das três perguntas. Devemos visar ao cliente X ou Y? Devemos empreender a distribuição A ou B? Devemos oferecer o serviço P ou Q? Ninguém sabe ao certo, e, mesmo que a análise possa eliminar alguma incerteza, ela nunca eliminará tudo. Como resultado, debates, desacordos e politicagem precederão as decisões. No entanto, no final das contas, uma empresa não pode ser tudo para todos — ela tem que alocar seus limitados recursos entre as várias opções. Portanto, decisões claras e explícitas precisam ser tomadas. Essas escolhas podem se revelar erradas, mas isso não é desculpa para escapar delas.[6]

Outra razão de se falhar ao fazer as escolhas necessárias é o fato de que dizer "não" às pessoas é difícil e, muitas vezes, pode criar sentimentos ruins entre a equipe. Se, por exemplo, a empresa decidir não visar aos clientes na América Latina, então os gerentes daquela região sem dúvida ficarão chateados, e se oporão à decisão, porque não serão investidos recursos em sua região. Ninguém gosta de aborrecer outras pessoas, ainda mais os próprios colegas. Daí o desejo de evitar dizer "não" às pessoas.

Pode haver outras razões, mas o resultado é que as empresas, de forma consistente e previsível, não fazem as escolhas necessárias que a estratégia exige. Diante da incerteza, investem recursos indo atrás do cliente X e do cliente Y, apenas para se manterem seguras. No processo, prestam um mau serviço tanto para X quanto para Y (ao subinvestir em ambos), mas pelos menos conseguem ter a certeza de que não vão errar ao escolher um cliente caso a decisão se mostre errada dali a cinco ou dez anos. Da mesma forma, diante da perspectiva de chatear alguns colegas, são alocados recursos limitados a projetos e regiões que não se encaixam nos objetivos ou na direção da empresa. No processo, subinvestem nas coisas que merecem atenção, mas pelo menos não aborrecem os colegas!

A incapacidade de fazer escolhas leva à primeira razão fundamental pela qual há falta de clareza na estratégia: em vez de ser uma declaração clara das (difíceis) escolhas feitas, a estratégia não passa de uma declaração vaga e genérica que enumera todas as maravilhas que a empresa almeja alcançar, dizendo todas as coisas certas para que ninguém possa discordar, mas falhando em anunciar o único ponto que ofereceria orientação aos funcionários — as escolhas feitas —, exatamente porque nenhuma escolha foi feita. Quando você lê o relatório anual de qualquer empresa, o que percebe são declarações vagas e que soam agradáveis disfarçadas de declarações estratégicas, um ponto também levantado por outros acadêmicos.[7] Essas não oferecem nenhuma orientação ou direção aos funcionários. Não é de se admirar que as pessoas reclamem que não têm ideia de qual é a estratégia da empresa. Não sabem pelo simples motivo de a empresa não ter uma estratégia!

Razão 2: falha em comunicar as escolhas da maneira "correta"

Supondo que a firma tenha feito escolhas explícitas sobre *quem*, *o que* e *como*, elas precisam ser comunicadas ao restante do pessoal. Muitas vezes, a comunicação não acontece, ou é tão ineficaz que a estratégia permanece um mistério para os funcionários. Entretanto, mesmo na melhor das hipóteses, quando a empresa fez as escolhas necessárias *e* a diretoria despendeu tempo e energia tentando comunicá-las de maneira clara e explícita, a probabilidade de que os funcionários não compreendam por completo o que lhes é comunicado ainda é alta. Há duas razões principais.

A primeira razão se relaciona ao fato de que as estratégias são frequentemente comunicadas de forma tão generalizada que os funcionários acham impossível entender o que significam ou o que podem fazer para implementá-las. Por exemplo, considere a seguinte declaração estratégica (real) de uma multinacional (anônima): "Nossa estratégia é nos tornarmos uma empresa verdadeiramente voltada ao cliente e estabelecer uma plataforma a partir da qual possamos evoluir e crescer. Vamos impulsionar a inovação e as soluções integradas de valor agregado e nos tornar essenciais para parcerias consultivas com o cliente e para modelos de negócio baseados em serviços." Essa afirmação é tão genérica que não significa nada para as pessoas. Não oferece nenhuma orientação quanto à direção que a empresa está tomando, não especifica nenhuma das escolhas feitas e deixa os funcionários às cegas quanto às maneiras de ajudar por meio das ações do dia a dia.

Observe, também, a mistura de objetivos ou aspirações com a forma como poderiam ser alcançados, bem como o uso de palavras bonitas que soam bem, mas que poderiam ter significados diferentes para cada pessoa. Por exemplo, "soluções integradas de valor agregado" ou "parcerias consultivas com o cliente" podem significar uma coisa para um funcionário e outra para outro. Isso, por sua vez, cria confusão e discordância. Para compreender plenamente a gravidade do problema, considere uma das frases mais faladas no mundo dos negócios: "Pense de maneira estratégica." Cada um de nós foi aconselhado em um ou outro momento a "pensar de maneira estratégica". Todo mundo concorda que isso é importante, e todo mundo tem a intenção de agir dessa forma. Mas o que significa exatamente essa frase? Já pedi a centenas de executivos que me dissessem o que lhes vem à cabeça quando alguém lhes pede para "pensar de maneira estratégica". E você? O que acha que as pessoas querem dizer quando lhe dizem para pensar estrategicamente? Acontece que a frase pode ter muitos significados possíveis. Entre os mais populares estão os seguintes:

- Pense a longo prazo (pelo menos três a cinco anos à frente).
- Pense nos problemas majoritários que enfrentamos (não nos menores).
- Comece a pensar nas mudanças e disrupções importantes acontecendo fora da empresa e depois decida o que fazer internamente.
- Não entre em pânico; recue e pense com calma nas mudanças ao redor.
- Pense de maneira holística: como a empresa inteira pode ser afetada pelo que você quer fazer, não apenas sua unidade ou seu departamento.
- Pense nas questões coletiva e cooperativamente (e não individualmente).
- Pense nos grandes passos que precisamos dar para alcançar nossa visão.

Esses são apenas sete dos possíveis significados da frase (pode haver outros). Agora se pergunte: "O que acontece em uma empresa quando a mesma frase pode ter (pelo menos) sete significados possíveis?" A resposta óbvia é confusão e falta de clareza. Por exemplo, seu/sua chefe pode ter querido dizer "pense a longo prazo" quando lhe pediu para pensar de maneira estratégica, e você pode ter entendido que era para "pensar coletiva e cooperativamente". Você procede assim, mas então seu/sua chefe fica chateado(a) por você não estar fazendo o que foi solicitado. Esse cenário acontece com bastante frequência nas empresas porque a diretoria parece ter um apetite insaciável por jargões e declarações genéricas. Frases como "pensar de maneira estratégica", "pensar fora da caixa", "focar no cliente" e "ser ágil" soam bem, mas não significam nada para as pessoas. São genéricas demais para oferecer qualquer orientação, e essa é uma das principais razões pelas quais a comunicação da estratégia, muitas vezes, acaba confundindo as pessoas em vez de lhes oferecer clareza. É também uma das razões que levou os escritores sobre gestão Chip e Dan Heath a afirmar que "o que parece resistência à mudança é muitas vezes falta de clareza".[8]

Há uma segunda razão que prejudica qualquer campanha de comunicação. Apenas comunicar as escolhas feitas é muitas vezes insuficiente. Você precisa comunicar a escolha *e* as alternativas consideradas e rejeitadas em favor da escolha. É o posicionamento da escolha *em relação* às alternativas consideradas que a torna clara para as pessoas. Isso significa que o que você precisa dizer *não* é "decidimos visar ao cliente X", e sim "decidimos visar ao cliente X em vez do cliente Y ou do cliente Z". Além disso, para que as pessoas percebam que realmente foi feita uma escolha difícil, as alternativas consideradas devem não só ser comunicadas de maneira explícita a todos, mas também ser alternativas críveis e viáveis. Por exemplo, a escolha de ser "o fornecedor líder no mercado" não é uma escolha crível. Quais alternativas ao "fornecedor líder" você considerou e rejeitou? Nada crível vem à mente, fazendo da afirmação uma não escolha.

Como você sabe se as alternativas que considerou (e rejeitou) são críveis e viáveis? Um bom teste é verificar quantas pessoas na empresa argumentaram a favor das alternativas rejeitadas. Se um número suficiente de pessoas apoiou as alternativas rejeitadas ou argumentou com fervor em apoio a elas, ou se sua eventual escolha não for universalmente aceita, significa que as alternativas eram críveis. É por isso que declarar de maneira aberta quais alternativas considerou (e rejeitou) é tão importante para seu público, pois o ajuda a ver que você está sendo honesto quando diz que fez algumas escolhas difíceis e o faz compreender ainda mais a escolha feita.

A importância da comunicação das escolhas relativas às alternativas consideradas é um conceito consagrado na psicologia.[9] Percebi seu valor no início da minha carreira quando, como chefe do meu departamento na London Business School, realizei pesquisas com clientes para decidir que novos cursos oferecer aos nossos alunos. Especificamente, todos os estudantes do primeiro ano do MBA receberam uma lista de possíveis novos cursos e lhes foi pedido que indicassem quais gostariam que nós desenvolvêssemos e oferecêssemos como disciplina eletiva no segundo ano da graduação. Dois cursos se mostraram bastante populares: um curso sobre ética escolhido por 86% dos estudantes e um curso sobre sustentabilidade escolhido por 90%. Passamos os meses seguintes desenvolvendo os materiais para esses dois novos cursos e depois os oferecemos aos estudantes como eletivos. Para nossa surpresa, menos de dez alunos (de um total de quatrocentos) escolheram se inscrever em qualquer um dos dois. Em retrospectiva, a razão era óbvia. A grade de cursos eletivos continha mais de oitenta cursos dos quais os alunos tiveram que escolher 15 para o segundo ano. Os alunos, portanto, tiveram que fazer escolhas difíceis: quero me inscrever em um curso sobre finanças corporativas ou em um curso sobre ética? Ambos eram interessantes, mas o curso sobre finanças corporativas era obviamente mais atrativo. Em vez de perguntar aos alunos "Você gostaria que lhe oferecêssemos o curso A?", deveríamos ter perguntado: "Se você tivesse que escolher entre o curso A ou o curso B, qual escolheria?" Foi somente quando todas as alternativas foram apresentadas que as reais preferências dos estudantes se tornaram evidentes. Da mesma forma, é somente quando todas as alternativas consideradas são apresentadas às pessoas que a escolha estratégica que fizemos se torna clara.

Razão 3: diluição das escolhas ao longo do tempo

Até agora, argumentamos que os funcionários não conhecem a estratégia por duas razões fundamentais: (1) falhamos em fazer as escolhas necessárias e, como resultado, comunicamos às pessoas clichês agradáveis em vez de uma estratégia coerente; e, (2) mesmo que tenhamos feito as escolhas necessárias, a *maneira* como as comunicamos às pessoas cria mais confusão do que clareza. Há, no entanto, uma terceira e talvez mais sinistra razão pela qual os funcionários muitas vezes se veem confusos quando se trata de estratégia.

As escolhas feitas são sempre decididas *em um determinado momento*, dada a realidade do mercado que a empresa enfrenta naquele momento. Com o tempo, a realidade pode mudar: novos concorrentes surgem, diferentes necessidades dos clientes crescem em importância, novas tecnologias entram no setor, e assim por diante. Dadas as realidades do mercado em constante mudança, a empresa precisa estar em alerta constante, mudando e adaptando as escolhas originais a fim de responder às mudanças que acontecem ao seu redor. Aqui reside um dos maiores perigos da estratégia: em seus esforços para responder às ameaças emergentes ou explorar novas oportunidades, a empresa talvez demore a mudar suas escolhas originais. No processo, pode acabar diluindo as escolhas originais e destruindo sua posição distinta no mercado.

O resultado será a diretoria dizendo uma coisa enquanto a empresa é vista fazendo outra. Por exemplo, pode ser que a estratégia afirme que visamos ao cliente X quando, na verdade, vendemos ao cliente X e ao cliente Y. Considere uma empresa como a corretora Edward Jones nos EUA, que construiu seu sucesso sobre uma estratégia muito distinta: visar à América Central e lhe vender produtos financeiros por meio de uma extensa rede de escritórios de corretagem única sobre a promessa de "paz de espírito".[10] Imagine que, em resposta à chegada da internet e ao crescimento da corretagem online, ela decida oferecer corretagem online a seus clientes. A adição do serviço pode ser vista como a coisa mais natural e óbvia a fazer para explorar a ascensão da internet, mas, no processo de fazê-lo, a Edward Jones estará diluindo a particularidade de sua estratégia: não está mais vendendo "paz de espírito", e sim produtos financeiros como qualquer outra empresa no setor. Com o tempo, decisões adicionais como essa, tomadas uma a uma e em resposta a ameaças e oportunidades percebidas que surgem o tempo todo, levarão a empresa a um lugar distante de onde começou. Em outras palavras, ela será vista fazendo coisas totalmente diferentes daquelas que a estratégia original havia demonstrado. Imagine ser um funcionário em uma organização cujo CEO diz uma coisa enquanto você observa a empresa fazendo outra. Você não reclamaria que a empresa não tem uma estratégia de verdade, não importa o que a diretoria diga?

Qual é a solução para esse problema? É óbvio que se deve responder às mudanças que acontecem, mas como fazê-lo sem diluir a estratégia? Uma solução é empreender somente as respostas (às mudanças externas) que se ajustem à estratégia escolhida. Por exemplo, se a Edward Jones quiser adotar a corretagem online, terá que implementá-la de forma a reforçar e sustentar sua base de clientes escolhida e sua proposta de valor. Uma alternativa é aceitar que as respostas inevitavelmente levarão a uma estratégia diferente — aceitar e, mais importante ainda, comunicar a estratégia diferente a seus funcionários. Não há nada de errado em mudar a estratégia; o errado é mudar sem reconhecer e fingir que a antiga estratégia ainda é válida.

Em geral, portanto, é importante que desenvolvamos uma estratégia clara e a comuniquemos à equipe para orientar as decisões do dia a dia. Tornou-se popular afirmar que a implementação de uma estratégia é mais importante do que ter uma estratégia ou que "a cultura da empresa se esbalda em estratégia". Nada poderia ser mais incorreto. Imagine que sua estratégia é derrubar uma parede em casa batendo a cabeça contra ela com vigor e paixão. Não importa qual estratégia de implementação você use, é altamente improvável que tenha sucesso. Uma estratégia construída com base nas escolhas feitas sobre *quem*, *o que* e *como* e comunicada às pessoas da maneira "adequada" é um pré-requisito para tudo. Claro, você ainda precisa implementá-la, e ainda precisa ter a cultura certa para que a implementação seja bem-sucedida. Mas, assim como você terá que aprender a andar antes de correr, uma empresa precisa desenvolver a estratégia correta antes de tentar implementá-la. Desenvolver a estratégia correta não é intelectualmente difícil, mas ainda requer líderes fortes e dispostos a fazer as escolhas difíceis e a dizer "não".

Parâmetro 2: valores fortes e um propósito motivador

O segundo parâmetro que pode ser usado para orientar o comportamento dos funcionários — e no processo nos permite lhes dar muita autonomia — são um propósito motivador e valores fortes e compartilhados. Um exemplo que destaca a importância do propósito é dado por Cathy O'Dowd, uma alpinista membro da primeira equipe da África do Sul que conseguiu chegar ao cume do Monte Everest em 1996. A equipe foi formada através de uma competição nacional e recebeu a tarefa de colocar simbolicamente a nova bandeira democrática sul-africana no topo do Everest. Como os membros não se conheciam, familiarizar-se uns com outros e criar uma cultura de equipe foram pré-requisitos para uma expedição de sucesso. Eles passaram alguns meses no acampamento-base antes de tentarem a escalada, preparando-se e trabalhando juntos para se tornar uma equipe e não um conjunto de indivíduos. Isso, segundo O'Dowd, provou ser um desafio. Não demorou muito para que discussões e desentendimentos começassem a surgir, e a coesão da equipe começou a desmoronar dia após dia. A equipe se dividiu em subgrupos menores, cada um tentando fazer melhor que o outro e competindo entre si em vez de colaborar. A dinâmica chegou a um estado tão ruim que os jornais começaram a relatar a desintegração da equipe e o fracasso iminente da expedição. Uma manhã, durante uma reunião particularmente acalorada, o líder da equipe pediu aos outros que ficassem em silêncio por um minuto. Ele então apontou para algo no topo da tenda: a nova bandeira sul-africana. E lhes disse: "É por isso que estamos aqui. Os amigáveis moradores nos escolheram para colocar a bandeira do nosso novo país no Monte Everest e dizer ao mundo que uma nova África do Sul nasceu. Não vamos desapontá-los." A declaração, segundo O'Dowd, teve um efeito profundo sobre a equipe. Como num passe de mágica, o conflito interpessoal desapareceu e os membros começaram a trabalhar juntos para cumprir a missão. Um mês depois, a bandeira sul-africana estava no topo do Everest.[11]

A história destaca a importância de um objetivo ou propósito motivador para unir, energizar e orientar as pessoas. Talvez o exemplo mais famoso seja o objetivo do ex-presidente Kennedy de colocar o homem na lua até o final dos anos 1960 — uma ambição e um objetivo que tomaram a atenção de uma nação e motivaram milhões de pessoas em um esforço coletivo. Desde que as pessoas "comprem" o propósito, podemos lhes permitir muita autonomia para operar porque teremos confiança de que só realizarão ações que sustentem o propósito. O mesmo princípio se *aplica aos valores organizacionais*. Desde que os funcionários conheçam e acreditem nos valores da empresa, podemos confiar que não farão nada que mine esses valores. Quando confrontados com uma decisão, serão guiados por uma simples pergunta: "Essa decisão se enquadra nos valores da empresa?" Se a resposta for sim, eles saberão que têm autonomia para tomar a decisão. Se a resposta for não, saberão que não podem tomar a decisão por conta própria, então precisam buscar orientação de seus gerentes.

Não há nada no que dissemos até agora que possa ser considerado controverso. No entanto, há um senão: nem todos os propósitos são motivadores e nem todas as declarações de valor organizacional são eficazes para orientar os comportamentos da forma como discutimos aqui. Pelo contrário, se julgarmos pelo fato de que 87% dos funcionários no mundo afirmam estar desconectados ou ativamente desconectados do trabalho, a maioria dos propósitos deve ser inútil.[12] As questões que devemos abordar, portanto, são: "Qual é a diferença entre objetivos motivadores e não motivadores? Qual é a diferença entre valores que orientam comportamentos *versus* valores que são ignorados pelas pessoas?" Apesar da crença generalizada de que as palavras usadas ou o conteúdo das declarações de propósito e de valores são importantes, as evidências sugerem que não são fatores particularmente significativos para tornar as declarações efetivas.[13] Sim, ter um propósito que soe agradável (por exemplo, "temos o objetivo de fazer do mundo um lugar melhor") é melhor do que ter um sem apelo emocional algum (por exemplo, "temos o objetivo de maximizar o valor para os acionistas"), mas as palavras usadas na declaração não são o fator mais importante que determina a eficácia. Muito mais importante é se os funcionários "compraram" o propósito ou a declaração de valores. Estão motivados de verdade por nosso propósito e vivem pelos valores que promovemos? Ou consideram ambos como males necessários que ignoram a todo instante? É claro que as pessoas não "compram" o propósito e os valores simplesmente porque queremos. Precisamos encontrar maneiras proativas de "vendê-los" aos funcionários para ganhar adesão, o que, naturalmente, levanta a questão: "Como podemos vender nosso propósito ou nossa declaração de valores para que a equipe compre a ideia?"

Esse tópico também foi abordado no Capítulo 3 no contexto de como vender um objetivo positivo às pessoas para ganhar comprometimento emocional. Ainda que haja semelhanças, o processo que nos ajudará a vender o propósito e os valores da empresa requer alguns passos adicionais aos discutidos no Capítulo 3. Sendo mais específico, um processo de venda eficaz exige que guiemos os funcionários através de quatro etapas (ver Figura 6.1).

Figura 6.1 Como conquistar comprometimento emocional por nosso propósito

Na primeira etapa, precisamos comunicar os objetivos e valores aos funcionários para que, ao final, eles possam dizer com confiança: "Eu sei quais são nosso propósito e nossos valores." Pode parecer moleza, mas isso não deve ser subestimado porque há evidências que sugerem que as pessoas sempre superestimam a capacidade de se comunicar claramente. Por exemplo, em um experimento realizado por Elizabeth Newton na Universidade de Stanford, os participantes foram convidados a tocar uma canção para um grupo de ouvintes.[14] Foi solicitado aos músicos que adivinhassem a porcentagem dos ouvintes que entenderiam a canção que estavam tocando. Em média, os músicos esperavam que metade entendesse. Na realidade, apenas 2,5% compreenderam. Isso mostra que nos consideramos melhores comunicadores do que realmente somos. Portanto, é preciso ter cuidado nessa fase para garantir que a comunicação seja clara e que as pessoas entendam de verdade o que estamos dizendo.

Na segunda etapa, precisamos explicar às pessoas o "porquê": por que escolhemos um propósito particular? Por que ele é importante para nós enquanto empresa e para os funcionários enquanto indivíduos ali dentro? A mesma explicação deve ser dada à escolha de valores. No final dessa etapa, você quer que as pessoas digam: "Eu sei o que você quer que eu faça e entendo o porquê." A etapa será mais tranquila se as pessoas estiverem envolvidas no desenvolvimento dos propósitos ou valores.

A terceira etapa é o momento de edificar a crença no que estamos vendendo para a equipe. Por mais persuasivas que tenham sido as duas etapas anteriores, seus funcionários provavelmente vão se perguntar: "Podemos realmente alcançar o objetivo? Você realmente fala sério quando diz que são esses os valores importantes para a empresa?" Criar e celebrar as primeiras vitórias em direção à realização do propósito é uma tática que pode torná-lo crível para as pessoas, assim como lhes fornecer os recursos necessários e o ambiente de apoio para ajudá-las a alcançá-lo. Demonstrar por meio de ações que os valores declarados não só são importantes, mas também têm prioridade sobre os resultados financeiros, é provavelmente a maneira mais eficaz de construir crença. Se você tiver sucesso nessa etapa, sua equipe vai dizer: "Sei o que precisamos fazer, entendo o porquê e penso que faremos."

A quarta etapa é de longe a mais difícil do processo, pois é quando passamos da aceitação racional ao compromisso emocional. As táticas descritas no Capítulo 3 — como a visualização, o storytelling e o fazer o que se fala — também podem ser usadas aqui para conquistar o coração das pessoas. Duas táticas adicionais estão fazendo com que seu pessoal se sinta especial por trabalhar em sua organização e fazendo com que eles sintam que estão juntos nisso. Para que as pessoas se sintam especiais, elas precisam se sentir únicas; em outras palavras, diferentes dos funcionários de outras empresas. Você pode conquistar esse sentimento ao tratá-las de maneiras diferentes dos outros, ao lhes atribuir objetivos ou responsabilidades diferentes do que esperariam em outra empresa ou ao criar uma cultura única e especial ao seu redor. Para que os funcionários sintam que estão juntos na empreitada, é preciso fomentar um espírito de equipe que leve todos a apreenderem que são iguais e interdependentes. Você também pode usar símbolos e rituais para reforçar o espírito de equipe.

Como você sabe se conseguiu vender seus objetivos ou valores a seus funcionários para ganhar adesão? Os sinais que você deve ter em mente são pessoas cheias de energia e paixão, que se divertem enquanto trabalham duro, desfrutam da companhia dos colegas e nunca perdem uma chance de expressar o quanto se sentem orgulhosas de serem membros da equipe. Para elas, ir trabalhar é uma alegria porque lhes permite buscar algo que valorizam, com pessoas em quem confiam, dentro de uma empresa que compartilha seus valores e suas crenças. É somente quando esse marco é alcançado que você deve se dispor a dar à equipe maior autonomia e liberdade, ficando à vontade com a ideia de que não farão nada que prejudique o propósito ou os valores da empresa.

Parâmetros adicionais para orientar os funcionários

As escolhas estratégicas claras e um propósito motivador, acompanhados de fortes valores adquiridos pelos funcionários, são os parâmetros-chave que precisamos colocar em prática para que os funcionários saibam quando operar com autonomia e quando encaminhar a decisão para a diretoria.

Obviamente, esses não são os únicos parâmetros à disposição. Por exemplo, uma cultura forte em que as pessoas se sintam parte da família também pode orientar os comportamentos delas e aumentar nossa capacidade de conceder mais autonomia. Da mesma forma, uma estrutura descentralizada em que os funcionários pertençam a unidades menores, cada uma com seu próprio líder, também nos permitirá conceder mais autonomia porque as pessoas podem ficar de olho umas nas outras, e os líderes locais podem monitorar tudo com mais eficiência.

Ao mesmo tempo, não estamos querendo dizer que esses parâmetros podem substituir completamente o sistema de controle e de monitoramento da empresa. É claro que não. Apesar da melhor das intenções, as pessoas ainda cometem erros, às vezes dispendiosos. Portanto, precisamos colocar em prática sistemas de controle para garantir que as regras sejam cumpridas. Na verdade, nossa confiança em sistemas rigorosos aumentará ainda mais as experiências ruins que temos de pessoas que se desviam dos parâmetros prescritos. Portanto, o quanto confiamos no monitoramento e no controle *versus* os parâmetros discutidos até agora dependerá dos resultados de nossos esforços para conceder autonomia dentro dos parâmetros.

E se as pessoas "abusarem" da autonomia?

Se tudo correr conforme o planejado, a equipe deve ter uma compreensão clara de quais são os parâmetros em que podem agir com autonomia. Nesse caso, você pode esperar que, na maioria das circunstâncias, os funcionários se comportem de acordo com o plano: exerçam autonomia quando a decisão se enquadra nos parâmetros e peçam orientação e permissão para qualquer decisão que esteja fora deles.

Infelizmente, como quaisquer pai e mãe que lidam com adolescentes já sabem, a vida pode, às vezes, dar reviravoltas inesperadas: os filhos fazem algo claramente fora dos parâmetros prescritos, assim como os funcionários, o que não significa que um desfecho ruim será necessariamente definitivo. Pode ser que não seja. A questão que surge então é: independentemente do resultado, como devemos lidar com o fato de que um empregado exerceu autonomia quando não deveria?

Se você acha que essa é uma pergunta fácil de responder, considere o caso de Stanislav Yevgrafovich Petrov. Você provavelmente nunca ouviu falar dele, mas ele passou a ser conhecido como o homem que salvou o mundo. Um filme-documentário chamado *O homem que salvou o mundo* foi produzido em 2014 para contar sua história. Em 26 de setembro de 1983, apenas três semanas depois de os militares soviéticos terem derrubado o avião da Korean Airlines 007, o tenente-coronel Petrov era o oficial em serviço no centro de comando do sistema de alerta precoce nuclear soviético. Para sua surpresa, o sistema relatou que um míssil havia sido lançado dos Estados Unidos, seguido por cinco mísseis extras. Contra o protocolo militar soviético, ele decidiu que o ataque com mísseis havia sido provavelmente um erro e não procedeu com o lançamento de um ataque nuclear retaliatório contra os EUA e os aliados da OTAN, algo que poderia ter resultado em uma guerra nuclear em larga escala. No final das contas, o sistema de alerta soviético tinha, de fato, errado e não houve nenhum ataque de mísseis vindo dos EUA.

É difícil criticar um homem que salvou o mundo de um desastre nuclear, mas a pergunta que precisa ser feita é: ele agiu de acordo com os princípios delineados anteriormente? Sem dúvida a resposta é "não". Por qualquer razão que seja

— bom senso é uma —, ele se responsabilizou por tomar uma decisão que poderia ter tido consequências desastrosas para sua "empresa". Imagine se ele tivesse errado sobre o sistema de alerta soviético estar enganado ao relatar um ataque norte-americano e um ataque real estivesse mesmo em curso. Como a história teria julgado sua decisão e falta de ação? Não há como ignorar o fato de que esse homem tomou uma decisão claramente fora de qualquer parâmetro aqui mencionados. Porém, graças a Deus, assim ele o fez, porque o resultado foi uma boa notícia para o mundo. A pergunta é: como devemos tratar esse indivíduo? Ele deve ser punido, até mesmo despedido, por fazer isso ou deve receber um prêmio? Mais importante ainda, como podemos usar incidentes assim para melhorar nossos processos e procedimentos?

O que aconteceu com Petrov é apenas um dos quatro cenários possíveis que podemos enfrentar, dependendo se os funcionários seguem ou não o processo correto descrito acima e qual será o resultado (ver Figura 6.2). No primeiro cenário, os funcionários seguem o processo "correto" e o resultado é ótimo. Moleza: nós os aplaudimos e recompensamos. No segundo cenário, eles seguem o processo correto, mas o resultado é ruim. Podemos aprender com a experiência e melhorar o processo, mas não há motivo para culpar os indivíduos em questão. No terceiro cenário, os funcionários agem fora dos parâmetros que desenvolvemos e o resultado é ruim. Muitos desastres ocorrem por conta disso, e é em momentos assim que as empresas dão ênfase renovada aos sistemas de controle e de monitoramento para garantir que os funcionários não abusem da autonomia que lhes é dada. No quarto cenário, os funcionários agem fora dos parâmetros que estabelecemos, mas o resultado é bom — exatamente o que aconteceu com Petrov. A questão, mais uma vez, é: como devemos tratar esses funcionários e que lições devemos tirar de tais incidentes?

Figura 6.2 Autonomia e possíveis resultados

RESULTADO	Correto	Incorreto
Bom	Aplausos e recompensas	• Mais ênfase no controle e no monitoramento • Melhorar o processo
Ruim	Aprender e melhorar o processo	• Entender o motivo • Mais ênfase no controle e no monitoramento
	PROCESSO SEGUIDO	

Na União Soviética, Petrov passou por intensos questionamentos de seus superiores, foi remanejado para um posto menos crítico, aposentou-se cedo e sofreu um colapso nervoso. No Ocidente, recebeu dois prêmios de Cidadania Mundial, em São Francisco em 2004 e em Nova York em 2006, assim como o Prêmio Dresden na Alemanha em 2013. Ele também foi homenageado em uma reunião nas Nações Unidas em Nova York e entrevistado por Walter Cronkite na CBS. Obviamente, não há uma resposta correta sobre como tratar os funcionários que agem fora da esfera de autonomia, especialmente quando suas ações produzem um resultado desejável. Entretanto, não significa que não há lições a serem aprendidas ou melhorias a serem feitas. Incidentes como esse devem ser usados para identificar fraquezas em nossos processos e melhorá-los. Por exemplo, uma lição é que decisões críticas como o lançamento de um ataque nuclear não devem ser de responsabilidade de apenas um indivíduo, qualquer que seja sua posição na empresa. Outra lição é garantir que o monitoramento e os controles adequados sejam usados. Há um equilíbrio tênue a ser alcançado, mas a falta de monitoramento em nome da autonomia é um convite a problemas. Por fim, os incidentes podem ser usados para educar a equipe sobre o que é apropriado a se fazer e o que não é. O importante é ir além de apontar dedos e punir indivíduos. Se punirmos o indivíduo sem melhorar o processo, os mesmos erros serão cometidos por quem quer que o substitua.

07

Explore a disrupção

A importância de uma estratégia inovadora de resposta

Até agora, exploramos como organizar os pilares corretos para que a empresa entre em ação assim que uma disrupção aparecer no horizonte: a atitude correta em relação à disrupção, um senso positivo de urgência em toda a empresa e um ambiente organizacional subjacente que apoie e promova os comportamentos de agilidade. Infelizmente, toda a preparação será em vão a menos que também criemos as condições certas — tais como as pessoas e os processos certos — para garantir que desenvolvamos uma boa estratégia de resposta. Exploraremos como fazer isso neste capítulo e no próximo, mas é importante enfatizar logo no início que o objetivo é discutir o *processo de pensamento* que garantirá que você desenvolva uma boa estratégia em vez de explorar que estratégia específica adotar.

Diferentes empresas enfrentam diferentes disrupções, portanto é impossível que alguém lhe diga qual estratégia adotar sem saber a disrupção específica à qual você precisa responder. Nesse sentido, a pergunta "Que estratégia devo adotar para responder à disrupção?" não faz sentido. A palavra "disrupção" é um termo genérico que carece de clareza. Fazer a pergunta genérica "Como devo responder à disrupção?" é a mesma coisa que perguntar ao seu médico "Como devo responder à doença?". Você ficaria (e deveria mesmo ficar) preocupado se seu médico lhe prescrevesse um medicamento sem antes determinar a doença.

Os ingredientes de uma resposta bem-sucedida

Não podemos prescrever a estratégia que toda empresa deve seguir, mas podemos explorar a forma de abordar a tarefa. Como, então, uma empresa deve desenvolver uma estratégia eficaz de resposta? Talvez seja útil explicar como é uma estratégia de resposta eficaz antes de explorar como desenvolvê-la. Consideraremos três exemplos: uma resposta bem-sucedida e duas respostas que deram errado.

Uma resposta bem-sucedida: TAG Heuer versus Apple Watch1

Em 9 de setembro de 2014, durante um evento de imprensa no qual o iPhone 6foi apresentado, o CEO da Apple, Tim Cook, anunciou a introdução do Apple smartwatch. O anúncio não foi uma surpresa: os rumores de que a Apple estava desenvolvendo um dispositivo vestível circulavam desde 2011. O anúncio oficial, porém, abalou toda a indústria mundial de relógios. Na época do anúncio da Apple, os analistas estavam confiantes no potencial de mercado do smartwatch. Um analista do Citi estimou: "O valor de mercado pode valer dez bilhões de dólares até 2018."[2] Cook focou no desejo da Apple de "fazer o melhor relógio do mundo",[3] não só em termos de precisão, mas também de customização. Além disso, o relógio era apontado como um acessório de moda. Elmar Mock, um dos inventores do relógio Swatch, previu que os relógios smartwatch poderiam afetar até 30% da indústria relojoeira tradicional: "A curto prazo, não é um perigo batendo à porta, mas uma oportunidade, e seria uma vergonha se os relojoeiros suíços não a aproveitassem."[4] O Apple Watch foi lançado em 24 de abril de 2015 e rapidamente se tornou o dispositivo vestível mais vendido, com 4,2 milhões de unidades vendidas somente no segundo trimestre de 2015. O primeiro preço anunciado foi "a partir de 349 dólares".

Um dos concorrentes estabelecidos que se sentiu ameaçado pelo relógio da Apple foi o grupo LVMH, o conglomerado francês de produtos de luxo. A divisão de relógios do LVMH possuía três marcas: a Hublot, com alto desempenho de mercado; a Zenith, com desempenho médio; e a TAG Heuer, mais abaixo. A divisão era dirigida por um veterano da indústria, Jean-Claude Biver, que achava que o Apple Watch era particularmente disruptivo para a TAG Heuer. Biver não queria simplesmente ficar sentado e esperar para ver o que a Apple produziria para depois responder à disrupção. Ele queria ser proativo e desenvolver uma resposta antes mesmo de a Apple comercializar o novo produto. Ele descreveu a própria posição da seguinte forma: "Eu me considero um relojoeiro. Não há dúvida de que o smartwatch mudará os pilares de nossa indústria, portanto preciso agir."

Ao decidir que a TAG Heuer seria a marca a responder, Biver tomou logo de cara a decisão fundamental de desenvolver um relógio que fosse o mais diferenciado possível da versão da Apple. Ao falar com um repórter em 2014, Biver argumentou que "uma simples variação do Apple Watch não lhe interessava". Ele queria que seu smartwatch fosse diferente e único.[5] Ele considerou duas opções: a primeira era criar uma marca totalmente nova; e a segunda era usar a marca TAG Heuer e criar um smartwatch como um novo modelo com a marca e a personalidade TAG. Ele optou pela última. Em vez de usar smartwatch, ele batizou a linha de "Connected Watch" [Relógio Conectado], dando origem ao TAG Heuer Connected, que foi oficialmente anunciado em março de 2015, um mês *antes* do lançamento do Apple Watch.

Entre os muitos desafios que Biver enfrentou ao desenvolver o TAG Heuer Connected, três se destacam:

- Como produzir ou obter a tecnologia e as peças para um Connected Watch tendo em mente o pequeno volume de unidades que ele planejava vender.
- Como preservar o DNA da marca TAG Heuer — que era "eternidade" — em um relógio cuja tecnologia mudava a cada poucos anos.
- A qual preço anunciar o novo relógio.

O primeiro desafio que Biver enfrentou foi que ninguém na Suíça ou na LVMH conseguiria produzir um smartwatch: "Na Suíça, nunca seremos capazes de produzir todas as partes do Connected Watch. Conseguimos produzir de 70% a 80%, mas não a parte mais importante, os microprocessadores, porque eles são extremamente caros e sofisticados. Há apenas um punhado de empresas no mundo produzindo esses tipos de microprocessadores." A tecnologia touchscreen foi outra questão. Os chineses eram os melhores fabricantes de telas touchscreen, mas estavam acostumados a entregar grandes volumes — mínimo de um milhão de unidades por pedido. Na melhor das hipóteses, a TAG Heuer precisava apenas de um pedido de dez mil a vinte mil unidades para o lançamento. Quando a equipe de Biver conversou com os fabricantes chineses, eles recusaram qualquer pedido menor do que a quantidade mínima. Nenhum fabricante venderia um volume tão baixo a um preço razoável, incluindo o custo de ferramentas e de equipe para a produção, que tinha que ser embutido no preço. De onde viriam, então, as telas touchscreen? Houve uma história semelhante com as baterias. A TAG Heuer não estava habituada ao mercado de massa, enquanto os chineses não estavam habituados a fornecer quantidades tão pequenas.

Produção à parte, havia sérios riscos para a marca que não podiam ser descartados. A TAG Heuer tinha um visual distinto e um DNA próprio que a tornavam inconfundível de imediato. O desafio para Biver era criar um smartwatch que fosse um Connected Watch e um relógio TAG Heuer ao mesmo tempo. Como ele disse: "Devo manter meu DNA aconteça o que acontecer. Quando as pessoas virem meu Connected smartwatch, não devem pensar que é um Connected Watch, mas sim um TAG Heuer. Se não perceberem o DNA de um TAG Heuer no Connected Watch, então eu terei falhado." Isso significava que o projeto tinha que ser distintamente TAG Heuer, o que era um desafio por si só porque a maioria dos smartwatches eram pequenos e estreitos em comparação aos agressivos e enormes relógios da TAG.

A proposta de venda tradicional da TAG era o conceito de "eternidade". Ao contrário de todos os smartwatches no mercado, a TAG Heuer não conseguiria fazer um "relógio descartável", que seria jogado fora entre dois e cinco anos. O risco para a marca era muito alto. Como disse Biver: "Não é bom para a reputação da marca porque vendemos relógios que custam de quatro a oito mil dólares. A esse preço, os clientes nunca pensariam que compraram algo que poderia ser jogado fora depois de alguns anos. Não podemos ter essa má reputação, pois seria muito fácil para a concorrência usar esse fato para nos atacar." O problema que ele enfrentava era que a tecnologia do Connected Watch mudaria a cada poucos anos. Como, então, criar algo que talvez tenha que ser alterado a cada poucos anos e ainda vendê-lo com o conceito de "eternidade"?

Outro desafio era o preço. Um TAG Heuer normal era revendido por cerca de 2.600 dólares. Biver precificara dessa forma quando decidiu que a TAG Heuer deveria se distanciar do ponto de preço da Zenith (para evitar competição interna) e se aproximar do ponto de entrada de "luxo acessível" para os consumidores. O Apple Watch, ao contrário, era revendido entre 349-399 dólares. Havia uma razão, porém. A duração relativamente curta da tecnologia em um smartwatch significava que os clientes precisariam substituí-lo a cada um ou dois anos, à medida que a tecnologia melhorasse. Quanto se pode cobrar por um produto que o consumidor jogará fora dentro de alguns anos? A LVMH e a TAG Heuer fabricavam relógios que durariam a eternidade, então não seriam "descartáveis" da mesma forma que um smartphone ou smartwatch eram.

Um a um, Biver se propôs a superar os desafios que enfrentava, com o objetivo de anunciar um novo smartwatch antes da comercialização do Apple Watch. Ele primeiro resolveu os problemas de produção fazendo uma aliança com a Intel e o Google para produzir o TAG Heuer Connected. O Google ficou encarregado de desenvolver o software para o relógio, já que ele seria Android. A Intel ficou encarregada de fornecer o microprocessador e ajudou em outra área, convencendo uma empresa chinesa de touchscreen a fornecer 150 mil telas para a TAG. Embora fosse consideravelmente mais do que as dez mil que a TAG desejava no começo, era muito menos do que o mínimo de um milhão em que os fabricantes chineses insistiam. Como Biver convenceu duas das maiores empresas de tecnologia do mundo a fazer parceria com ele para um empreendimento tão pequeno? Sua proposta de venda foi que, fazendo uma parceria com ele, poderiam aprender com o mundo do luxo, algo que poderia ajudá-las a atualizar os próprios produtos. A opinião dele era que, entre as grandes empresas de tecnologia, somente a Apple havia conseguido alcançar o status de luxo. Então, outras empresas de tecnologia, como a Intel e o Google, poderiam fazer parceria com a TAG Heuer para aprender sobre o mercado do luxo.

Para vencer a questão da obsolescência e criar um relógio que durasse além da vida útil da tecnologia, Biver surgiu com a solução do "relógio modular". Basicamente significava que o relógio seria vendido como uma caixa na qual diferentes "módulos" poderiam ser inseridos. O primeiro relógio Connected tinha dois módulos: o módulo mecânico tradicional TAG Heuer e o módulo Connected eletrônico. Os consumidores conseguiriam remover fácil e rapidamente um módulo e inserir o outro, dependendo de seu humor. Como disse Biver: "Se você acorda de manhã e se sente jovem e um expert em tecnologia, é só escolher o módulo eletrônico. À noite, quando você for à ópera e quiser mais sobriedade, é só alterar o módulo eletrônico e escolher o módulo mecânico." O plano era desenvolver mais módulos no futuro. Os clientes comprariam o Connected Watch apenas com o módulo smartwatch ou com a opção de módulos adicionais.

Para desenvolver o relógio modular, os engenheiros da TAG projetaram dispositivos especiais que mantinham o módulo na caixa. Era como uma câmera Leica cujo proprietário poderia trocar a lente, mas o corpo da câmera permaneceria o mesmo, conferindo vida útil prolongada pelo alto preço inicial. O módulo em si seria exatamente como um relógio mecânico TAG Heuer, exceto que o módulo Connected teria uma tela em vez de um relógio mecânico.

Cada módulo tinha o próprio preço. O módulo smartwatch começava em 1.500 dólares. Por mais 1.500, os clientes poderiam comprar o módulo mecânico Carrera, edição especial, para substituir o módulo smartwatch. Esse módulo mecânico estaria disponível apenas para quem tivesse um relógio TAG Heuer Connected e o transformaria, então, em um TAG Heuer clássico com vida longa "eterna", como se a pessoa tivesse comprado um TAG Heuer clássico original. Além disso, mais opções estavam sendo projetadas para que no futuro os clientes pudessem adquirir quatro módulos diferentes: o Connected, o mecânico, o cronógrafo e o turbilhão, sendo este o mais caro, custando 15 mil dólares. Também havia expectativas para o anúncio de um Connected feminino.

O relógio Connected era compatível tanto com o Android quanto com o iOS, da Apple, embora funcionasse melhor no Android, pois os aplicativos do Google Play não poderiam ser baixados em um iPhone. O Connected fornecia notificações e verificações de saúde bastante parecidas com muitos smartwatches, e três aplicativos de cronometragem personalizados foram incorporados ao módulo. O que tornava o relógio Connected único e diferente de outros smartwatches no mercado era que parecia exatamente um TAG Heuer: a aparência distinta e o uso de metal dos quais a TAG Heuer se orgulhava. Como um crítico o descreveu: "O relógio TAG Heuer Connected tem uma aparência marcante e agressiva e é feito de materiais luxuosos. É a maneira mais elegante de acrescentar funções inteligentes ao seu pulso."[6]

No lançamento em Nova York, em novembro de 2015, a TAG Heuer teve um bilhão de acessos nas redes sociais e novecentas milhões de pessoas assistindo às duzentas estações de TV que noticiaram o lançamento. Foi uma PR [*Public Relations*, Relações Públicas] inestimável que confirmou a

Biver a assertividade da decisão de lançar o relógio Connected pela TAG Heuer em vez de criar uma nova marca. O sucesso inicial do lançamento não enganou Biver, no entanto. Ele sabia que o relógio Connected enfrentaria sérios desafios no futuro. Um desses era a evolução do relógio em um telefone. De acordo com Biver:

> Não sou da área da tecnologia, então não consigo prever todas as melhorias que serão feitas. O que consigo prever é o dia em que o relógio terá todas as funções de um celular, incluindo ser um. Quando isso acontecer, a TAG Heuer talvez tenha um problema, porque precisaremos de fornecedores de telecomunicações. A Apple já está nesse negócio, mas nós não. Para nós, é o maior desafio. Neste momento, vendemos nossos relógios através de revendedores. Ao comprar um relógio Connected com funções telefônicas, você não poderá usá-lo se comprar em uma dessas lojas, pois precisa ir a um provedor de telefonia. Para nós, significa que estamos perdendo nossa rede de distribuição tradicional. Não podemos sequer vender online porque, para cada país, precisaremos de um contrato com um provedor local.

Os esforços iniciais para formar uma aliança com a AT&T nos EUA não deram frutos.

Outro desafio era como manter o interesse no produto uma vez que a novidade tivesse passado. Uma ideia foi desenvolver aplicativos específicos para o relógio. Biver acreditava que os aplicativos poderiam ser do esporte e da saúde, com sensores embutidos no relógio que, devido à proximidade com o corpo, mediriam coisas que um celular não seria capaz. O problema era que a TAG Heuer não tinha força suficiente para pesquisa e desenvolvimento e teria que investir pesado. Daí a necessidade de encontrar um possível parceiro — talvez um fornecedor de telecomunicações ou uma marca de automóveis.

Apesar dos desafios e do futuro incerto do relógio, Biver não teve dúvidas de que a resposta ao Apple Watch foi um sucesso. Em suas próprias palavras: "É uma revolução que mudará a cara da relojoaria. A Apple, a Samsung, a LG... elas não conseguem nos acompanhar porque não têm o lado mecânico. É a nossa maneira de escapar da competição. O cliente consegue tornar seu relógio algo individual sem correr riscos. O relógio nunca será obsoleto."[7]

A alegação de Biver de que o novo relógio é uma revolução pode ser um exagero, mas não há dúvida de que o relógio TAG Heuer Connected tem sido bem-sucedido até agora. A equipe responsável por ele cresceu de quatro membros para trinta em cinco anos, e novos modelos apresentados a cada ano continuaram a enfatizar o artesanato e a aparência *premium* enquanto incorporavam recursos e aplicativos esportivos de última geração. Em março de 2020, um analista do setor afirmou que o relógio TAG Heuer Connected era "uma das únicas alternativas genuínas à Apple que restava [no mercado]. A abordagem da TAG Heuer para adicionar recursos esportivos enquanto refina a experiência *à la* relógio smartwatch faz muito sentido".

Uma resposta que deu errado: Continental Airlines versus Southwest

Como todas as empresas aéreas estabelecidas, a Continental Airlines teve que decidir como responder ao crescimento do modelo de negócio de baixo custo e de voos diretos da indústria aérea. Esse é um modelo que surgiu nos EUA nos anos 1970 (sendo a companhia Southwest a pioneira) e se espalhou para a Europa e para o resto do mundo durante as décadas de 1980 e 1990. Diferentemente das companhias aéreas tradicionais, os operadores de baixo custo forneciam serviços e cobertura de rede mínimos, mas ainda bons o bastante, com preço e pontualidade superiores. O modelo é baseado em rotas diretas, partidas frequentes, *turnaround time* rápido, pontualidade, sem serviços supérfluos de bordo, sem assentos por classe e preços baixos. O modelo é mais adequado para voos breves, que não ultrapassem duas horas e meia, e é normalmente procurado por turistas, mas também por pessoas a trabalho para voos de curta distância.

O novo modelo de negócio havia criado um mercado novo e gigantesco ao roubar, em parte, clientes antenados aos preços das empresas estabelecidas, mas principalmente atraindo pessoas que não viajariam se não fossem os voos baratos e convenientes (ou que teriam usado meios de transporte diferentes, como os trens). Para os operadores estabelecidos, o mercado de baixo custo era uma fruta madura, pronta para a colheita. Afinal de contas, voar é voar. Claro, o novo modelo era diferente do modelo *hub-and-spoke* de serviço completo utilizado pelas empresas estabelecidas, mas ninguém conhecia o mercado aéreo tão bem quanto elas. Portanto, era frustrante para as empresas verem concorrente atrás de concorrente tentando a sorte com o novo modelo de negócio e não tendo muito sucesso, sendo os exemplos mais promissores a KLM e a BA.

A Continental, uma das cinco maiores companhias aéreas da América do Norte antes da desregulamentação, achava que poderia fazer um trabalho melhor do que as outras companhias aéreas estabelecidas. Sua principal base de clientes eram os viajantes a negócios, mas o enorme crescimento do mercado de baixo custo lhe deu a oportunidade de crescer e sair de sua (segunda) falência amparada no Capítulo 11 da Lei de Falências norte-americana em 1993. Sob a liderança do CEO Robert Ferguson, a Continental criou uma unidade separada em 1993, chamada Continental Lite, e se propôs a replicar a estratégia da Southwest na Costa Leste, antes que a Southwest pudesse se estabelecer ali.

Apesar de a Continental Lite ter sido criada como uma unidade de negócios separada, ela começou com aviões retirados do não rentável centro de Denver da Continental. Assim como a Southwest, seu objetivo era competir no preço, tentando fazer desse um objetivo lucrativo ao imitar muitas atividades da Southwest: eliminou a primeira classe e as refeições a bordo, encurtou o *turnaround time* nos portões e aumentou a frequência de partidas. Entretanto, mesmo antes do início dos voos, houve comentários na imprensa de que os pilotos dos aviões do terminal de Denver não aceitaram o corte salarial para tornar a nova companhia aérea competitiva com suas rivais de baixo custo. Além disso, a Continental Lite continuava a oferecer reserva de assentos, gratificações para passageiros frequentes e controle de bagagem, e se recusava a abandonar os agentes de viagem — algo que teria prejudicado a relação dos agentes de viagem com a empresa.

Reduções adicionais foram feitas. Como os clientes estavam irritados com o fato de não conseguirem obter os mesmos benefícios com as tarifas Lite muito mais baixas, a Continental reduziu as gratificações do programa de fidelidade. Da mesma forma, a empresa não seria capaz de pagar a comissão-padrão para os agentes de viagem com as tarifas Lite, mas também não conseguiria administrar o serviço completo sem o apoio desses agentes — portanto, decidiu resolver o dilema cortando as comissões em todo o quadro.

Apesar dos pontos fracos, a nova companhia aérea teve um bom começo e a demanda por seus serviços foi alta. Em comunicados à imprensa na época, a Continental expressou o desejo de que a Continental Lite crescesse e se tornasse um terço dos negócios. Também sugeriu que a única restrição que impedia o crescimento mais rápido de linhas sem serviço de bordo e sem assentos por classe era a escassez de aeronaves. A fim de sustentar o crescimento, a Continental continuou a transferir aeronaves do negócio antigo para o novo.

Entretanto, logo depois, começaram a surgir problemas em toda a empresa. O mais grave foi o declínio da qualidade do serviço para os passageiros de ambos os ramos. Por exemplo, o congestionamento e a transferência de bagagens nos terminais centrais das cidades resultaram em inúmeros voos atrasados e cancelamentos. A empresa ganhou rapidamente a reputação de ter o pior serviço do setor. Após apenas um ano de operações, um comentarista observou: "A Continental Lite perdeu rios de dinheiro em seu primeiro ano e fez todo o possível para desapontar os passageiros. A Continental consegue, mês após mês, ser a companhia aérea que perde mais bagagem e a pior, ou quase pior, no quesito atraso. É também a companhia aérea da qual os passageiros mais reclamam para o Departamento de Transportes dos EUA. Acredito que a tripla coroa de incompetência é a razão dos problemas da Continental Lite. Passagens em conta não são o suficiente se o serviço é uma porcaria."[9]

Em 1994, a Continental Lite havia crescido até se tornar metade das operações totais da Continental. Tinha cerca de cem aviões e operava quase mil voos por semana. No entanto, sua reputação estava indo de mal a pior. Mais preocupante, a constante publicidade negativa começou a prejudicar a reputação da empresa principal, com os passageiros confundindo a Continental Lite com a Continental e reclamando que até mesmo a companhia principal havia baixado os padrões para níveis inaceitáveis. Lenta, mas certamente, os passageiros começaram a abandonar ambas.

Apesar de ter um dos custos operacionais por milha aérea mais baixos da indústria aérea norte-americana, a Continental Lite não obteve lucro. Pelo contrário, a operação era um buraco negro em que se perdia dinheiro. Ferguson renunciou ao cargo de CEO em outubro de 1994 e seu substituto, Gordon Bethune, decidiu encerrar a Continental Lite. Toda a aventura não pode ser considerada senão um fracasso. A própria Continental se fundiu à United Airlines em março de 2012 e deixou de existir como empresa independente.

Outra resposta que deu errado: grupo Edipresse versus jornais diários gratuitos[10]

A partir de meados dos anos 1990, as empresas jornalísticas do mundo inteiro tiveram que enfrentar uma série de disrupções no mercado. Talvez a mais grave tenha sido a chegada da distribuição online de notícias e o efeito devastador que a internet teve sobre os jornais impressos. Outra disrupção igualmente perturbadora foi o crescimento do modelo de negócio "gratuito" dos jornais. No início de 2005, a Edipresse, empresa de mídia sediada na Suíça, decidiu se defender contra a intrusão desse modelo em seu mercado local, a parte francófona do país.

O primeiro jornal gratuito na Suíça, o *20 Minuten*, foi lançado em Zurique em 1999 por um conglomerado de mídia norueguesa. Foi um grande sucesso, crescendo rapidamente para uma circulação diária que ficou atrás apenas do *Blick*, o tabloide diário pago. Em um ano, expandiu-se para outras regiões suíço-alemãs, como Berna, Basileia e St. Gallen, para que pudesse se beneficiar da impressão, distribuição e economia de escala enquanto oferecia uma área de cobertura maior para os anunciantes. Em 2005, foi vendida à Tamedia, a maior empresa de mídia da Suíça. Até então, o

20 Minuten havia se tornado o mais lido diariamente na Suíça, com uma distribuição monitorada de 329 mil exemplares e um público leitor de 782 mil. A Tamedia imediatamente informou que planejava expandir o jornal no segundo semestre para a parte francesa da Suíça, área que a Edipresse considerava seu território.

Foi nesse contexto que a Edipresse anunciou o lançamento de seu próprio jornal diário gratuito, o *Le Matin Bleu*, em outubro de 2005. Embora a Edipresse operasse na parte francófona do país, sabia que era apenas uma questão de tempo até que o *20 Minuten* atacasse seu território de origem. Para antecipar sua chegada iminente, o *Le Matin Bleu* foi lançado com duas edições: uma em Genebra e outra em Lausanne. O novo tabloide diário tinha como alvo a população jovem e trabalhadora urbana da região do Lago Léman e complementava o jornal pago do grupo *Le Matin*, que já era o mais lido na Suíça de língua francesa, com 353 mil leitores. Theo Bouchat, líder do projeto e chefe de uma das divisões de jornais da Edipresse, via o novo jornal gratuito como um jornal conciso, porém completo, que ofereceria a melhor plataforma publicitária da Suíça francófona. Ele nomeou um funcionário da Edipresse de um dos jornais diários pagos para ser editor-chefe do novo jornal diário gratuito, mas a maioria dos funcionários do *Le Matin Bleu* — fora o pessoal da área técnica, de impressão e de distribuição — eram novos na empresa, jovens e relativamente inexperientes. Como o jornal seria distribuído gratuitamente aos leitores, era fundamental manter os custos baixos, inclusive os salários.

No entanto, Bouchat estava determinado a dar ao pessoal do *Le Matin Bleu* todas as oportunidades de fazer do jornal gratuito um sucesso. De acordo com Bouchat: "Nós dissemos: 'Sem concessões.' Não abrimos mão de nada para proteger o jornal diário pago. Dissemos aos funcionários que eram livres para fazer o que fosse necessário, independentemente do resultado para o *Le Matin.*" Como resultado, o *Le Matin Bleu* estabeleceu tarifas de publicidade que eram competitivas com as de outros jornais gratuitos, mas muito mais baixas do que as do *Le Matin*. O jornal era semelhante ao jornal pago em design e formato, mas muito diferente em editoração. Embora ambos fossem tabloides, o jornal pago estava repleto de notícias e artigos detalhados e era destinado a leitores de jornais mais velhos e tradicionais. O *Le Matin Bleu* atendia a trabalhadores mais jovens, com histórias leves e destaques das tendência/estilos, sem comentários editoriais.

Em fevereiro de 2006, a Tamedia anunciou planos para entrar no mercado com as edições regionais em Lausanne e Genebra do *20 Minuten* planejadas para março de 2006. Em resposta, o *Le Matin Bleu* aumentou rapidamente a circulação e, na época do lançamento do *20 Minuten*, distribuía 150 mil cópias por dia, ofuscando os cem mil exemplares do outro. O *Le Matin Bleu* também tinha a vantagem de ser o primeiro a vender publicidade. "Já tínhamos uma base de anunciantes, e o *20 Minuten* não tinha parcerias quando começou", observou Bouchat. A Edipresse ofereceu um pacote de publicidade chamado "Top Deal" [Acordo de Primeira], que incluía publicidade em ambos os jornais. A competição por anunciantes era feroz, porém, e o *20 Minuten* provou ter uma vantagem própria: cobertura nacional. "Eles conseguiam oferecer aos anunciantes a cobertura da parte francesa da Suíça por pouquíssimo custo adicional", disse Bouchat.

Embora o *Le Matin Bleu* tenha aumentado as taxas de publicidade em 30% em setembro de 2007, no início de 2008 ambos os jornais diários e gratuitos ofereciam taxas de publicidade similares e sofriam uma pressão significativa dos anunciantes para manter as taxas baixas. Bouchat descobriu que os anunciantes atraídos pelo *Le Matin Bleu* eram menores e mais sensíveis ao preço do que aqueles que anunciavam no *Le Matin*. "Descobrimos que a maioria dos novos clientes eram empresas locais que não podiam se dar ao luxo de anunciar em um jornal diário pago antes", disse. "O *Le Matin Bleu* nos deu a oportunidade de contatar mais uma vez anunciantes que não podiam pagar o *Le Matin* ou que miravam em uma população mais jovem."

Pouco depois da chegada do *20 Minuten*, a Edipresse notou uma tendência preocupante: o jornal diário pago estava começando a perder leitores. Em março de 2008, havia perdido vinte mil — 15% de sua circulação —, assim como alguns de seus anunciantes. "Percebemos que o bolo publicitário não cresceu", disse Bouchat. "Em vez disso, os anunciantes espalharam anúncios em dois jornais novos e mais baratos." Enquanto isso, a circulação dos jornais gratuitos continuou a crescer; de fato, havia mais jornais diários gratuitos no mercado a cada dia do que jornais pagos.

Bouchat sentia que a Edipresse havia provado sua capacidade de lançar com sucesso um jornal diário e gratuito. Mas, enquanto acreditava que o mercado poderia sustentar um jornal gratuito, estava menos otimista sobre o mercado a longo prazo para dois jornais gratuitos. "Estamos longe do lucro. Esperávamos alcançá-lo entre três e quatro anos, mas entramos no terceiro ano e não estamos próximos de nada", disse. A situação piorou ainda mais com o aumento da distribuição online de notícias. Enquanto a Edipresse travava uma guerra com os jornais gratuitos, os clientes estavam migrando para as notícias digitais a um ritmo alarmante. Em março de 2009, a Tamedia anunciou a aquisição da Edipresse. Como parte do acordo, o *Le Matin Bleu* e o *20 Minuten* seriam fundidos.

A diferença essencial: seja o ataque, e não apenas a defesa

Há obviamente muitas coisas que determinam se uma estratégia será bem-sucedida ou não. Algo essencial que os exemplos anteriores destacam é que uma estratégia eficaz de resposta deve evitar a imitação do que outros fizeram em resposta à disrupção e, em vez disso, ajudar a empresa a se diferenciar o máximo possível. Tentar simplesmente ser melhor do que os próprios disruptores ou outros rivais do setor respondendo à mesma disrupção não é suficiente. Nesse sentido, a empresa não está procurando uma estratégia de resposta, e sim uma estratégia que lhe permita se reposicionar e se diferenciar, aproveitando a disrupção. Por exemplo, a TAG Heuer não tentou imitar o relógio da Apple ou até mesmo ser melhor do que ele. Em vez disso, explorou a disrupção para criar algo novo que deslocou a base da competição para longe dos tradicionais pontos fortes do disruptor, a Apple. A Swatch fez algo semelhante há quarenta anos ao enfrentar a disrupção dos relógios eletrônicos e baratos, como os da Seiko e da Timex. Em contraste, a Continental Lite tentou competir de frente com o disruptor, a Southwest Airlines. Basicamente, adotou a mesma estratégia da Southwest e tentou vencer sendo melhor — isso quase nunca funciona.

Tudo parece fácil e direto ao ponto, mas, para cada exemplo de empresa que adotou uma resposta inovadora à disrupção, podemos citar uma que não o fez. Considere, por exemplo, a Microsoft. Em 2020, todos pareciam impressionados com a transformação radical que ela sofreu sob a direção de Satya Nadella, mas essa mesma empresa passou boa parte dos primeiros vinte anos do século XXI indo de um desastre para outro, deixando de responder criativamente disrupção após a disrupção. A seguinte citação de Victoria Barret em um artigo da *Forbes* de maio de 2009 capta bem a essência da afirmação: “A Microsoft gastou centenas de milhões (e provavelmente perto de bilhões) tentando fazer uma busca no Google. Agora o pessoal no campus da Microsoft, em Redmond, EUA, tem uma novidade: a Microsoft está para lançar um mecanismo de busca de codinome 'Kumo'. Se for como o Google, ninguém vai dar a mínima. Existem muitas alternativas de busca boas e suficientes por aí. Para destronar o Google, a Microsoft tem que ser astuta. Para construir uma 'experiência de busca robusta', a Microsoft terá que chacoalhar as bases e surpreender."[11]

Outro exemplo: considere o desafio de responder a um novo modelo comercial disruptivo enfrentado por um número crescente de empresas. Embora haja muitas respostas possíveis,[12] uma das mais desafiadoras é como adotar o novo modelo junto ao modelo de negócio principal. O conselho mais frequente dado às empresas estabelecidas é colocar o segundo modelo em um setor separado e permitir que tenha nome, cultura e estratégia próprios. É a "solução do inovador" principalmente associada ao trabalho de Clay Christensen em inovação disruptiva, mas outros acadêmicos também a defendem.[13] Embora a solução seja instigante em teoria, há agora evidências suficientes para mostrar que muitas empresas estabelecidas que adotaram a solução proposta não tiveram muito sucesso, por exemplo, o destino infeliz dos setores separados que empresas como a British Airways, a KLM, a Continental e a United desenvolveram na indústria aérea.

Por que isso acontece? Porque, além de criar um setor separado, a empresa precisa garantir que esse adote uma estratégia inovadora — uma estratégia que não imite o disruptor, mas que, em vez disso, ataque o mercado criado pela disrupção como se fosse uma guerrilha. Não adotar uma estratégia inovadora muito provavelmente vai arruinar a resposta. Por exemplo, em maio de 2020, o Royal Bank of Scotland anunciou que estava fechando o setor à parte (chamado de Bo) que deveria explorar os bancos digitais e as *fintechs* rivais, como o Monzo e o Revolut. De acordo com um analista: "O Bo sempre teria dificuldades para atrair clientes dada a natureza saturada e a maturidade dos bancos digitais no Reino Unido. Era preciso encontrar uma maneira de se destacar e estabelecer um PUV (ponto único de venda) para se diferenciar dos bancos apenas digitais."[14] Infelizmente, isso não ocorreu, daí o fechamento da marca. O CEO disse que o banco conseguiu atrair apenas 11 mil clientes, incluindo "amigos e família", nos quase seis meses desde o lançamento — muito diferente dos mais de dez milhões de usuários do Revolut e dos 3,5 milhões de assinantes do Monzo.[15]

Ou seja, embora a ideia seja bastante simples — basta desenvolver uma estratégia inovadora de resposta —, a realidade é que as empresas estabelecidas enfrentam obstáculos impressionantes para seguir tais conselhos. Em primeiro lugar, há a questão de elaborar uma estratégia inovadora, capaz de explorar a disrupção em vez de simplesmente se defender, um tópico que será abordado no próximo capítulo. Mesmo quando a empresa consegue elaborar uma estratégia inovadora, surgem inevitavelmente problemas sérios com a implementação. Entre eles, destaca-se o fato de que, à medida que a empresa fizer a transição para uma nova maneira de operar, o negócio original sofrerá — esse foi um problema enfrentado pelo grupo de jornais alemães Axel Springer ao explorar a disrupção a fim de mudar para uma série de negócios de plataforma, e foi também um problema para a Microsoft ao se afastar do Windows em direção ao serviço de computação em nuvem. Como fazer a transição quando todos os recursos e o poder residem no negócio principal? Esse é um tópico que abordaremos mais adiante. Primeiro, vamos explorar como uma empresa pode desenvolver uma estratégia de resposta verdadeiramente *inovadora*.

08

Como desenvolver uma estratégia inovadora de resposta

O fracasso da Kodak em fazer com sucesso a transição para a fotografia digital, uma tecnologia que ela inventou, é provavelmente uma das histórias mais frequentes de fracasso empresarial. Muitas razões possíveis foram propostas, e não há dúvida de que um fracasso tão espetacular só pode ser resultado de inúmeros fatores, não apenas de um ou dois.[1] No entanto, duas ações da Kodak nos dão um vislumbre de um dos mais importantes desses fatores. A primeira foi a decisão da empresa de adquirir o Ofoto, um site de compartilhamento de arquivos, e depois usá-lo para que as pessoas imprimissem imagens digitais em vez de compartilhá-las online. O segundo foi o investimento no desenvolvimento do sistema de filme fotográfico e câmera Advantix Preview, uma câmera digital que ainda exigia que os usuários usassem filme e imprimissem suas fotos se quisessem guardar cópias. Ambas as decisões nos dão uma pista sobre como a Kodak via e abordava a disrupção em sua indústria: como um meio de melhorar e fazer crescer seu negócio principal de filme fotográfico e revelação de fotos.

Uma história muito semelhante pode ser contada sobre o fim da Blockbuster no ramo de locação de vídeo.[2] Embora seja verdade que a empresa tenha sido culpada por reagir tardiamente à ameaça imposta pela Netflix, ninguém pode negar que ela respondeu lançando o Blockbuster Online, bem como o serviço Total Access, que permitia aos clientes alugar vídeos online e devolvê-los pelo correio ou em lojas. Como um bônus adicional, os clientes que devolvessem o vídeo à loja receberiam um aluguel gratuito. Ambas as ações visavam a melhorar o negócio principal, combinando filmes por correio com a flexibilidade de aparecer em uma loja local e ter um atendimento pessoal, se necessário. A estratégia foi bem recebida na época, porém, assim como a estratégia da Kodak, falhou em proteger a Blockbuster da falência.

Tanto a Kodak quanto a Blockbuster tentaram aproveitar as disrupções em suas respectivas indústrias para melhorar o negócio principal. O que há de errado nisso? Podemos citar dezenas de empresas que fazem exatamente a mesma coisa e, ao contrário da Kodak ou da Blockbuster, todas parecem estar se saindo muito bem. Por exemplo, varejistas como o Walmart, nos EUA, e o Waitrose, no Reino Unido, estão usando tecnologias digitais juntamente ao *big data* e à robótica para melhorar os negócios principais.[3] O mesmo vale para bancos como o J. P. Morgan, nos EUA, e o KBC Bank, na Bélgica; para jornais como o *The New York Times* e o *The Guardian*; para empresas FMCG (Fast Moving Consumer Goods) como a Nestlé e a Unilever; para empresas farmacêuticas como a Novartis e a Roche; e para montadoras como o grupo Daimler e a Toyota.[4] Setor atrás de setor, vemos empresas explorando as novas tecnologias disruptivas da era social para melhorar seus principais negócios. Portanto, é difícil culpar a Kodak ou a Blockbuster por fazer o mesmo. Então, por que suas estratégias foram um tiro pela culatra?

A resposta parece simples, o que é um engano. *Antes* de decidir como usar as tecnologias disruptivas para melhorar o negócio principal, é preciso avaliar se vale a pena salvá-lo ou melhorá-lo em primeiro lugar. Por exemplo, antes de fazer qualquer coisa, a Kodak deveria ter se perguntado: "Dadas as novas realidades, a revelação de fotos é um negócio viável pelo qual lutar?" Da mesma forma, a Blockbuster deveria ter se perguntado: "A distribuição física de filmes é um negócio viável para o futuro?" Se o seu negócio principal está prestes a cair no esquecimento, não faz sentido tentar melhorá-lo.

Pense como um empresário

A questão interessante é a seguinte: por que a Kodak ou a Blockbuster não se fizeram essas perguntas? Se é tão óbvio para nós agora, como elas deixaram passar? Uma resposta talvez seja que elas se fizeram as perguntas, mas, por alguma razão, chegaram à conclusão de que valia a pena lutar por seus principais negócios. Qual é a probabilidade de esse cenário ocorrer? Bem, se você abordar a pergunta de uma forma "enviesada", é provável que obtenha uma resposta enviesada. Em outras palavras, se abordar a pergunta do ponto de vista de um gerente do negócio principal, é provável que veja o futuro se desenrolar de uma maneira mais favorável para negócio principal do que alguém com um ponto de vista novo. Além disso, é provável que você esteja mais emocionalmente inclinado a garantir o sucesso do negócio principal do que alguém que não tem qualquer ligação com a empresa.

Tudo isso tem uma enorme implicação para os líderes que precisam desenvolver uma estratégia de resposta: eles precisam abordar a disrupção com uma mente livre dos preconceitos do negócio principal. Em outras palavras, precisam sair do mindset do negócio principal e pensar a partir de diferentes perspectivas — por exemplo, pensar como um empreendedor, ou como um novo concorrente, ou da perspectiva de um investidor com o qual realmente se preocupam, como clientes, fiscalizadores ou acionistas. Prefiro abordar a tarefa como um empresário. Ou seja, enquanto pensamos, é necessário esquecer completamente o negócio principal e nos perguntar: "Se eu fosse um empreendedor entrando em mercados criados pela disrupção, que estratégia eu adotaria?" A ideia é olhar para o novo mercado sem as restrições do negócio principal e apresentar uma estratégia cujo objetivo seja fazer de você um vencedor no *novo* mercado, em vez de um vencedor em seu *principal* mercado.

Imagine se a Kodak tivesse dado esse primeiro passo em sua análise estratégica. Em vez de se perguntar "Como posso usar as novas tecnologias para melhorar meu negócio principal?", deveria ter se perguntado "Se eu fosse um empresário como Richard Branson, pensando em entrar no mercado da fotografia digital, que estratégia adotaria?" Se a Kodak tivesse feito essa pergunta, nunca teria surgido a ideia de uma câmera digital que ainda exigisse que os consumidores imprimissem as fotos! Tal ideia só pode surgir de gerentes que estão preocupados com a sobrevivência do negócio principal e, portanto, só conseguem pensar em maneiras de explorar a disrupção a fim de salvá-lo ou de melhorá-lo. Um empresário nunca pensaria assim simplesmente porque não tem um negócio principal com o qual se preocupar.

É o erro fundamental que muitas empresas estabelecidas cometem na tentativa de desenvolver uma estratégia de resposta. Elas começam a pensar tendo o negócio principal em mente e extrapolam naquilo que precisam fazer para explorar a disrupção em prol do negócio principal. Como resultado, as necessidades e as exigências desse negócio ofuscam e restringem o pensar. Em vez disso, as empresas deveriam pensar como um empreendedor livre das restrições do negócio principal. O resultado será uma estratégia que *pode* se basear no negócio existente ou simplesmente desconsiderá-lo por completo. Não significa, porém, que vamos nos esquecer de vez do negócio principal. *Depois* que uma estratégia é formulada, podemos então começar a pensar como utilizar os recursos e os conhecimentos que residem no negócio principal para nos ajudar a implementar a nova estratégia com mais rapidez e eficiência do que um empreendedor. Mas o importante é *primeiro* desenvolver a estratégia sem nos preocuparmos com o negócio principal e depois utilizar suas competências para implementar a estratégia desenvolvida.

Sugere-se, assim, que a forma *como* abordamos a tarefa de desenvolver uma estratégia eficaz de resposta é tão importante quanto *qual* é estratégia adotada. Qualquer que seja o negócio em que se encontrem, as empresas devem pensar como empresárias. Em outras palavras, devem começar com as novas realidades criadas pela disrupção, identificar o que precisam fazer para serem bem-sucedidas e então decidir se o negócio principal existente vai fazer parte da nova estratégia ou se devem tomar um caminho totalmente diferente, longe do negócio principal. Somente depois de terem decidido o caminho a tomar é que devem analisar o negócio principal a partir da pergunta: "Como podemos utilizar os recursos, as competências e o conhecimento de nosso negócio para ajudar na implementação do novo caminho escolhido?"

Uma estrutura para pensar sobre a resposta

Pensar a partir de uma tela em branco é um bom começo. Mas ainda temos que elaborar uma estratégia de resposta. Nessa fase, é preciso compreender que não existe uma estratégia única ótima para todos. Primeiro, há a questão de que diferentes empresas podem estar enfrentando diferentes disrupções. Cada empresa deve, portanto, desenvolver uma estratégia para a disrupção específica que está afetando os negócios. Mais importante ainda, mesmo para empresas que enfrentam a mesma disrupção, a resposta apropriada dependerá das circunstâncias específicas. O que é apropriado para uma empresa pode não ser para outra. Por exemplo, considere como os bancos responderam aos bancos digitais. A disrupção pode ser a mesma para todos, mas os bancos têm respondido de maneiras diferentes. A maioria optou por incorporar essa forma de fazer negócios em seu modelo de negócio existente, enquanto bancos como o BNP Paribas e o Royal Bank of Scotland escolheram criar unidades separadas para desenvolver o mercado de bancos digitais. A questão é que não há uma resposta única ideal para todas as empresas. Muitos fatores influenciarão qual resposta é a melhor para uma determinada empresa, incluindo aspectos como a posição da empresa no setor, suas competências, o ritmo de crescimento da disrupção, a natureza do inovador que introduziu a disrupção e a agressividade com que a empresa quer seguir o mercado criado.

Ao desenvolver uma estratégia de resposta, é melhor abordar a tarefa de uma forma estruturada. A estrutura apresentada na Figura 8.1 é uma dessas abordagens. Obviamente, as quatro questões que a estrutura apresenta não são as únicas a serem consideradas, mas a passagem por elas poderá trazer à tona a maioria das questões críticas que precisam ser abordadas. Vamos explorar com mais detalhes as quatro questões que a estrutura levanta.

Figura 8.1 Desenvolvendo uma estratégia de resposta

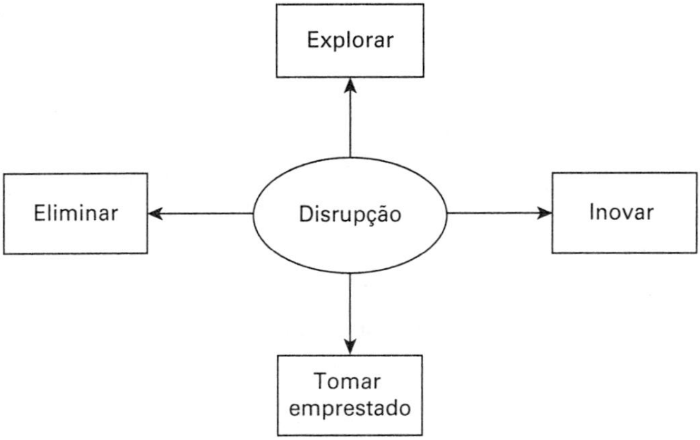

Explore as fraquezas do disruptor

Cada disrupção dá origem a novas realidades que, por sua vez, permitirão que algumas empresas — normalmente recém-chegadas à indústria — prosperem. São empresas que desenvolvem novos modelos de negócios para alavancar as novas tecnologias e explorar as oportunidades que a disrupção criou. Podem parecer formidáveis e imbatíveis, ainda mais no início da disrupção, quando a maioria dos mandachuvas são apanhados desprevenidos, mas a verdade é que elas não são perfeitas. Qualquer modelo de negócio, não importa quão bom seja, tem fraquezas. A primeira questão a ser explorada, portanto, é: "Quais são os pontos fracos nas estratégias dos disruptores e como posso desenvolver uma estratégia para explorá-los?" Lembre-se: você tem uma vantagem sobre os disruptores. Há recursos, competências e conhecimento do negócio principal que você pode então aprimorar para desenvolver uma estratégia que mine a estratégia dos disruptores explorando as fraquezas deles. Vamos considerar alguns exemplos de empresas que desenvolveram a estratégia de resposta aprimorando esse modo de pensar.

No topo da lista está o Walmart. Como responder a um gigante como a Amazon, líder indiscutível no varejo online, responsável por 50% de todas as vendas online nos EUA? À primeira vista, o modelo de negócios da Amazon parece irrefreável, mas, da perspectiva do Walmart, há uma fraqueza nele. Enquanto a Amazon tem apenas 110 armazéns nos EUA, o Walmart tem mais de 150 centros de distribuição e 4.789 lojas em 49 estados. Isso significa que quase todos os cidadãos dos EUA vivem a poucos quilômetros de uma loja do Walmart. Como resultado, os clientes podem fazer pedidos online, porque o Walmart usa suas lojas locais para distribuir as vendas online muito mais rapidamente e com um custo de envio muito mais baixo do que a Amazon. Por exemplo, foi estimado que a média de pedidos da Amazon para envio em um dia é de 8,32 dólares, custando 10,59 dólares para a Amazon entregar.[5] A Amazon concede boas margens em pedidos enviados depois de dois dias, mas, quando se trata de entregas rápidas, o Walmart consegue explorar seu sistema de distribuição descentralizada para ser mais rápido e mais barato do que a Amazon.

Na verdade, o Walmart está se preparando para lutar nessa área. De acordo com o relatório de um analista: "Acontece que o Walmart está usando suas lojas físicas como armazéns para vendas online. Isso significa que a empresa em breve terá a maior e mais eficaz 'rede de envios' dos Estados Unidos. O Walmart pretende alcançar uma marca de 1.600 lojas que efetuem entregas. O mais importante é que a empresa conseguirá isso com um custo relativamente baixo. Como o envio é a maior despesa em vendas online, estamos falando de uma grande diferença nos lucros. O Walmart se esquivará do destino da Amazon e economizará bilhões no envio."[6]

Considere outro exemplo: a resposta da TAG Heuer ao Apple Watch. Como descrito no capítulo anterior, a pior coisa que a TAG Heuer teria feito seria criar um *smartwatch* para competir de frente com a Apple. A empresa não venceria a Apple em seu próprio jogo, então ela tinha que aproveitar seus pontos fortes e explorar quaisquer pontos fracos na abordagem da Apple. Como visto, a fraqueza identificada foi o fato de que a Apple não era capaz de oferecer os apelos emocionais dos relógios de fabricação suíça cujos quinhentos anos de expertise em movimento mecânico ofereciam. O Apple Watch era vendido pela funcionalidade superior, mas era algo que o consumidor jogaria fora após um ou dois anos para substituí-lo por um relógio com a tecnologia mais recente. Era, portanto, impossível criar uma conexão emocional entre o relógio e o consumidor. Já os relógios suíços eram vendidos se baseando nos sentimentos e na proposta de valor de "eternidade". Como dizia o famoso slogan da empresa relojoeira Patek Philippe: um relógio não é apenas um relógio, e sim algo de que se cuida para a próxima geração.

A estratégia de resposta da TAG Heuer se propôs a explorar a fraqueza na oferta da Apple. Ao desenvolver a abordagem de "módulos", o relógio Connected oferecia ao consumidor tanto a eternidade quanto as capacidades do smartwatch. Você pode substituir os módulos — talvez use o módulo smartwatch durante o dia e o módulo mecânico à noite —, mas nunca jogará o relógio fora. É possível substituir o módulo smartwatch a cada um ou dois anos, mas o módulo mecânico permanece para sempre. Ao mesmo tempo, ao manter a marca TAG Heuer, bem como sua aparência distinta e o uso de metais dos quais a empresa se orgulhava, ela foi capaz de aproveitar a força da marca na batalha contra a Apple. É muito cedo para dizer se a estratégia será bem-sucedida, mas não há como negar a criatividade.

Uma estratégia semelhante foi adotada pelo KBC Bank, na Bélgica, em antecipação à entrada de empresas como o Google e a Amazon no setor bancário. O banco mantém a classificação de melhor banco da Europa e seu CEO, Johan Thijs, vem sendo em várias ocasiões destaque na lista dos principais CEOs do mundo da *Harvard Business Review*. Thijs não tem dúvidas de que empresas como o Google são capazes de usar seus superiores recursos de dados de clientes e suas habilidades analíticas para oferecer aos clientes produtos e serviços bancários que se igualem aos de qualquer banco no mundo. Mas, em sua opinião, essas empresas de tecnologia do Vale do Silício têm um ponto fraco: os clientes não confiam nelas como confiam nos bancos locais. Portanto, ele construiu sua estratégia de resposta para explorar a fraqueza do Google, desenvolvendo primeiro o aplicativo de seu banco para fazer o papel do gerente da conta digital do cliente. Qualquer coisa que um gerente costumava fazer para um cliente foi, agora, assumida pelo aplicativo. O cliente pode fazer perguntas ao aplicativo, bem como solicitar transações. Por exemplo, o aplicativo providenciará sua hipoteca, ou comprará suas passagens de trem, ou pagará por seu estacionamento, tudo através de simples instruções de voz. Proativo, o aplicativo também oferece soluções baseadas em compras feitas, preferências descobertas e localização física a qualquer momento. Como disse Thijs: "O aplicativo lhe dará conselhos e ajudará em tudo que for importante para você. Sua vida será mais fácil e mais simples. No passado, era o gerente do banco que cuidava de tudo. Agora, você tem um gerente da conta digital que mora em seu smartphone e vai aonde quer que você vá".

Além disso, o KBC Bank usa *big data*, análises e inteligência artificial de modo agressivo para oferecer aos clientes tudo que uma grande empresa de tecnologia pode oferecer. De acordo com Thijs, o objetivo é permitir ao banco afirmar que, em serviços financeiros, "o KBC Bank é bom o bastante em tudo que o Google pode oferecer". No entanto, além disso, o banco pretende usar suas vantagens sobre o Google para oferecer aos clientes produtos e serviços não fornecidos por este, tais como consultoria de investimento e gestão de patrimônio. Esses serviços não são baseados em transações, área em que as empresas de tecnologia têm vantagem, pois dependem de confiança e de relacionamentos de longo prazo, área em que bancos locais como o KBC Bank levam vantagem. Como disse Thijs: "Se eu tentar peitar o Google, já era. Meu objetivo é ser tão bom quanto eles no que fazem e superior em áreas nas quais levo vantagem."

Outro exemplo é a brilhante resposta da Nintendo à Microsoft e à Sony no ramo de consoles de jogos. A introdução do PlayStation, da Sony, e do Xbox, da Microsoft, transformou o mercado em que os consoles eram vistos como brinquedos — visando principalmente a garotos adolescentes com jogos não violentos — em um mercado no qual se tornaram ferramentas tecnológicas sofisticadas que precisavam ter mais velocidade de processamento e gráficos de maior definição, visando a jovens adultos com jogos mais sofisticados e mais violentos. Incapaz de competir nesses termos, a Nintendo procurou explorar as fraquezas dessas estratégias. A crescente sofisticação e a natureza violenta dos jogos significava que apenas jovens adultos eram atraídos pela indústria. Como resultado, uma enorme parcela da população, como as mulheres e os adolescentes, não foi atendida. Sob a liderança de Satoru Iwata, a Nintendo decidiu visar a esse segmento de clientes, levando ao desenvolvimento do Wii, um console que rodaria jogos simples e reais que poderiam ser aprendidos rapidamente e jogados por todos os membros da família, incluindo do mais jovem ao mais velho. Os desenvolvedores foram além das especificações técnicas, criando um console que fosse silencioso, usasse menos eletricidade e permitisse às famílias acessarem todos os jogos da Nintendo já lançados, não precisando mais guardar os consoles antigos. Ao escolher jogos de simulação, como tênis, boliche, beisebol e golfe, os jogadores eram instigados a se movimentar e se exercitar. Em resumo, o Wii era tudo que o PlayStation e o Xbox não eram. O sucesso da estratégia lançou a Nintendo de volta à liderança da indústria.

Tome emprestadas as ideias do disruptor, mas nada de copiá-las

As disrupções permitem o surgimento de oportunidades como novos produtos, serviços e segmentos de clientes, assim como novos modelos de negócios e novas formas de competir. Desses, muitos podem não se encaixar no que estamos fazendo ou talvez não tenhamos a capacidade ou a competência para fazer sozinhos. Mas outros talvez sejam maneiras boas e novas de fazer negócios que podem ser incorporadas em nosso modelo comercial para melhorar nossa posição competitiva ou nos permitir participar das oportunidades criadas pela disrupção. Portanto, outra questão que devemos levantar durante o desenvolvimento da estratégia de resposta deve ser: quais ideias e práticas podemos tomar emprestadas das estratégias e dos modelos comerciais dos disruptores para incorporar em nossa estratégia de resposta?

Considere como a British Airways (BA) reagiu à disrupção do modelo de negócio de baixo custo, sem o serviço dispensável de bordo, e de voo direto na indústria aérea. O modelo surgiu nos anos 1970 com a Southwest, nos EUA, e se espalhou para a Europa durante os anos 1980 e 1990, sendo a EasyJet e a Ryanair as principais disruptoras. O modelo é baseado em voos diretos para aeroportos secundários com a proposta de valor de serviços bons o suficiente e de preços baixos. No começo, a disrupção cresceu atraindo turistas e famílias, mas mais tarde ficou bom o bastante para atrair também pessoas viajando a negócios em voos de curta distância. A resposta inicial da BA foi criar uma subsidiária separada chamada GO, em 1998, para competir nesse mercado utilizando a mesma estratégia dos disruptores. A estratégia não teve sucesso e a GO foi comprada em uma aquisição de empresas em 2001 antes de ser comprada pela EasyJet em 2002. A BA teve que repensar a resposta.

A nova estratégia era focar no modelo de negócio existente, melhorando ainda mais a qualidade do serviço oferecido aos clientes (tais como salas VIP no aeroporto, partidas mais frequentes e um generoso programa de milhas aéreas) e, ao mesmo tempo, adotando vários elementos do modelo de negócio disruptivo. Por exemplo, os passageiros que voavam na classe econômica na Europa tinham acesso à tarifa básica que não incluía os usuais serviços não necessários. Se quisessem, poderiam pagar um extra pela bagagem ou para reservar um assento. Também poderiam comprar comida a bordo. Eram recursos do modelo comercial disruptor que permitia oferecer um preço baixo. Ao incorporá-los em seu modelo de negócios, a BA foi capaz de fazer com os disruptores o que eles fizeram com a BA no começo. Ou seja, quando os disruptores atacaram, eles afirmaram: "Somos bons o bastante no que quer que a BA ofereça (serviço) e somos superiores em outra área (preço)." A BA rebateu: "Sou boa o suficiente no que os disruptores oferecem (preço) e sou superior no serviço." Em todos os casos, a estratégia provou ser um grande sucesso para a BA.

Considere outro exemplo, a resposta da Sky à disrupção da transmissão de TV. Desde sua criação em 1989, a Sky construiu seu sucesso por meio da TV paga por assinatura, cultivando uma base de assinantes leal e lucrativa sobre os pilares de uma marca forte e de uma grande variedade de programas. A chegada da TV por streaming ameaçou a viabilidade do modelo de negócio de assinatura mensal, pois era mais barata do que a TV paga — em média, o gasto mínimo com esta era de 45 libras por mês, enquanto com aquela variava apenas entre seis e dez libras por mês. Além disso, não exigia a instalação de antenas parabólicas ou cabos na casa. O streaming também era mais flexível, pois contava com assinatura mensal — em vez da anual, como fazia a Sky —, o que facilitava a rescisão do contrato. Também podia ser acessado tanto na TV quanto em notebooks e dispositivos móveis, e a interface do usuário era mais "descolada". O streaming oferecia conteúdo diferente da Sky — principalmente filmes e séries, em vez de esportes —, mas um número significativo de clientes da Sky achava o streaming "bom o suficiente" em relação ao conteúdo da Sky, pois pensavam ter mais do que o necessário e consumido no mês. Os novos concorrentes, como a Netflix e a Amazon Prime, fizeram bom uso de dados e de análises para oferecer aos clientes produtos mais personalizados e também para "instigar" compras futuras com base em comportamentos de compras realizadas. Os novos clientes, especialmente a geração mais jovem, estavam migrando cada vez mais para o novo formato.

A nova forma de fornecer conteúdo crescia bem rápido, mas também apresentava uma ameaça de ofuscamento para a oferta de TV a cabo da Sky que tinha boa margem de lucro. Apesar disso, a Sky sabia que não poderia ignorá-la. Por isso, decidiu tomar emprestados vários elementos do novo modelo de negócio para oferecer um novo serviço, visando a clientes que ainda não tinham TV por assinatura. Em 2012, lançou a NOW TV no Reino Unido para oferecer tanto transmissão ao vivo quanto gravada sob demanda sem contrato. Oferecendo apenas filmes a princípio, mais tarde acrescentou canais de esportes e entretenimento. Os canais de filmes e de entretenimento podiam ser acessados por uma taxa mensal baixa, enquanto os eventos esportivos eram acessados com pagamento pré-pago. Ao contrário do principal serviço de TV por satélite da Sky, o NOW TV não exigia contrato de longo prazo. O serviço foi implantado aos poucos em outros países europeus, como Alemanha, Áustria e Itália. Estima-se que, em 2019, a NOW TV abocanhou uma fatia de mercado de 10% no Reino Unido, ficando em terceiro lugar, atrás da Netflix e da Amazon Prime Video.

Outro exemplo é como os varejistas em todo o mundo estão tomando emprestadas ideias e tecnologias dos disruptores digitais para melhorar o serviço prestado em suas lojas. Por exemplo, em 2018, a rede atacadista norte-americana Kroger incorporou a tecnológica etiqueta de preço digital em centenas de lojas. Chamada de “Kroger Edge”, ela exibe informações digitais sobre os preços e nutrientes, permitindo que a loja atualize instantânea e remotamente as informações de cada produto na prateleira. Da mesma forma, em sua loja Hema — a primeira loja física aberta pela Alibaba, gigante chinesa do comércio eletrônico, em 2016 —, os clientes podem digitalizar os *QR codes* dos produtos para obter mais informações, incluindo a data exata em que foram colhidos, comprados e entregues. O pagamento também pode ser feito através do aplicativo Hema, tornando as compras rápidas e convenientes. Na França, a Sephora incorporou um serviço de artista virtual em muitas de suas lojas. Os compradores podem usá-lo para fazer uma "maquiagem virtual" e testar as várias opções sem aplicar os produtos na pele. Nesse ponto, os funcionários da Sephora intervêm para oferecer aos compradores uma experiência mais profissional e personalizada, baseada em tecnologia, bem como pessoal. Na China, o supermercado 7Fresh incorporou vários elementos tecnológicos para melhorar a experiência de compra do cliente. Por exemplo, existem vários "espelhos mágicos" em cada loja que sabem quando um item é retirado da prateleira e exibem imediatamente as informações para ajudar o cliente a fazer uma compra consciente. Da mesma forma, a loja está cheia de carrinhos de compras inteligentes que não precisam ser empurrados. Em vez disso, seguem o comprador pela loja, permitindo que ele mantenha as mãos livres para outras tarefas. Finalmente, considere o serviço Speed Shop, da Nike. Os clientes reservam sapatos online, chegam à loja através de uma entrada exclusiva e encontram um armário com o nome deles, podendo abri-lo com o smartphone. Podem, então, experimentar os calçados e, se gostarem, pagar pelo celular e sair da loja sem ao menos ficar na fila ou falar com um ser humano. São exemplos de como os varejistas tradicionais estão tomando emprestadas ideias e tecnologias associadas à disrupção digital para aprimorar as maneiras de competir.

Elimine aquilo que a disrupção tornou desnecessário

A disrupção fornece às empresas estabelecidas ideias para melhorar seus modelos de negócio não apenas acrescentando novidades, mas também subtraindo obsolescências. Na verdade, inovação não é apenas descobrir novidades a oferecer, mas também remover produtos e serviços de nossa oferta. Práticas e atividades da cadeia de valor que antes eram parte integrante do modelo de negócio podem se tornar desnecessárias ou mesmo destrutivas no novo ambiente. Portanto, a terceira pergunta que precisa ser feita durante o desenvolvimento de uma estratégia de resposta deve ser: "Quais práticas ou atividades da cadeia de valor a disrupção me permite eliminar da estratégia ou do modelo de negócio?"

O candidato mais óbvio para a eliminação é tudo que for intermediário. Se há algo que a disrupção digital permitiu, é o atendimento direto ao cliente sem um mediador. Isso significa, por exemplo, que empresas aéreas como a BA podem vender diretamente aos clientes sem a necessidade de passar por agentes de viagens. Bancos, companhias de seguros e corretoras podem chegar aos clientes diretamente sem agências, vendedores ou corretores. Os varejistas, assim como os supermercados, podem fechar muitas de suas lojas e migrar as vendas para o online. As editoras de livros didáticos podem distribuir o conteúdo diretamente para os smartphones dos estudantes sem a necessidade de passar pelas livrarias. A lista é interminável.

Um bom exemplo é o modelo de negócio NayaMed desenvolvido pela Medtronic.[7] Ele foi criado em 2012 como uma unidade separada para distribuir a linha mais em conta da Medtronic de marcapassos e desfibriladores cardíacos em vários países europeus, com vendas regionais e suporte técnico online. A NayaMed oferecia aos hospitais um novo modelo de serviço composto de uma plataforma de comércio eletrônico, que era conectada a uma solução de inventário RFID e a um sistema de suporte técnico remoto. O sistema de inventário online ajudava a gerenciar o estoque e fornecia reabastecimento automático de mercadorias. Mais importante, um sistema de suporte técnico remoto com base em Lausanne, na Suíça, substituiu a presença no local de um representante técnico durante a implantação e as sessões de acompanhamento, utilizando uma caixa instalada no laboratório de cateterismo que transmitia a voz e o vídeo do programador, que estava instalado no hospital. Basicamente, quando uma operação de implante ocorria, o técnico de laboratório de cateterismo contatava o suporte técnico da NayaMed em Lausanne por meio da caixa de suporte técnico instantâneo, então o técnico da empresa acompanhava o técnico de laboratório ao longo dos procedimentos para definir os parâmetros do dispositivo CRDM a fim de garantir que funcionasse de maneira eficaz para o paciente. Isso eliminou a necessidade de representantes técnicos caros estarem no hospital durante a operação, economizando milhões de dólares para a Medtronic. Um analista comentou da seguinte forma: "As unidades são vendidas apenas online, não por meio de representantes de vendas altamente qualificados. O treinamento e o suporte médico e de enfermagem não são mais presenciais, mas virtuais. Os custos são muito, muito menores do que no negócio principal."[8]

Não são apenas os intermediários que podem ser eliminados devido às disrupções. Quando a Netflix passou a transmitir filmes, ela conseguiu reduzir significativamente a entrega de DVDs pelo correio. É verdade que a troca não aconteceu tão bem quanto a Netflix esperava, mas no fim ela chegou lá. Da mesma forma, quando a empresa pública

AutoTrader Group migrou de uma revista impressa britânica na qual pessoas vendiam seus carros para uma totalmente online, ela conseguiu eliminar todas as revistas regionais e englobar tudo em um site nacional. O uso das redes sociais também permite uma redução significativa no orçamento de publicidade da empresa. Por exemplo, estima-se[9] que as redes sociais nos expõem a mil consumidores por menos de três dólares. Em contraste, a mala direta requer 57 dólares, e a TV aberta, 28 dólares. O desenvolvimento de uma campanha eficaz em rede social permite a eliminação da mídia tradicional e de estratégias publicitárias.

Inove as maneiras e os locais em que se compete

Como já apontado várias vezes neste livro, a disrupção deve ser abordada não apenas como uma ameaça da qual se defender, mas também como uma oportunidade a ser explorada. Por exemplo, os modelos comerciais disruptivos não apenas incorporam os mercados existentes, mas também criam mercados totalmente novos na periferia daqueles já estabelecidos. Da mesma forma, novas tecnologias destroem as cadeias de valor existentes, mas também criam maneiras inteiramente novas para as empresas competirem. É um terreno fértil para a inovação e, ao desenvolver a estratégia de resposta, as empresas devem incorporar essa forma de pensar em sua análise, fazendo a quarta e última pergunta: "Como usar a disrupção para inovar as maneiras e os locais em que competimos?"

FAÇA COISAS DIFERENTES

A inovação pode assumir duas formas: podemos fazer coisas diferentes ou as mesmas coisas de forma diferente. Considere, em primeiro lugar, a ideia de fazer coisas diferentes. Não há dúvida de que uma combinação de fatores desencadeados pela disrupção digital está permitindo que as empresas entrem em mercados de maneiras que seriam impossíveis há apenas vinte anos. Por exemplo, vimos a entrada da Vodafone no setor bancário na África;[10] da Toyota na construção de cidades inteligentes;[11] da Apple no setor da saúde;[12] do Google no setor bancário;[13] da Amazon na fabricação de videogames;[14] e da Sony testando a indústria automobilística.[15] O que permite tal diversificação não relacionada são duas coisas. Primeiro, o acesso aos dados dos clientes. Em relação a outros recursos mais tradicionais — como a tecnologia que poderia ser aprimorada e utilizada apenas em mercados próximos ao local de origem da tecnologia —, as relações com os clientes e seus dados podem ser aprimorados em mercados mais distantes do mercado principal. Em segundo lugar, ecossistemas e novas tecnologias. Enquanto no passado as empresas tinham que produzir tudo sozinhas e gerenciar seus diferentes negócios dentro de uma hierarquia, hoje podem confiar em ecossistemas que lhes permitem utilizar produtos e serviços sem ter que produzi-los sozinhas. Também podem utilizar novas tecnologias para fazer, hoje, o que antes não era possível. Por exemplo, uma empresa como a Babylon pode usar a IA para oferecer serviços e conselhos personalizados aos pacientes sem ter um único médico na folha de pagamento.

Essas mudanças mostram que as empresas podem, agora, desenvolver estratégias de resposta que lhes permitam ir além das atividades principais. Um exemplo clássico é a Microsoft. Um pilar fundamental de sua bem-sucedida transformação sob a liderança de Nadella desde 2014 tem sido a mudança para a computação em nuvem. Alugar armazenamento e poder de processamento online para grandes clientes corporativos não se relaciona à melhoria do negócio principal de venda (agora aluguel) de software. No entanto, é um movimento inteligente de diversificação que aprimora o relacionamento com o cliente, entre outras coisas. O mesmo poderia ser dito da bem-sucedida transformação da Axel Springer, a editora alemã, nos últimos 15 anos. O rápido declínio de seu negócio de jornais e revistas na virada do século mostrou que os classificados estavam com os dias contados. Em resposta, a empresa entrou no negócio de "classificados digitais", o que, na verdade, significa que ela desenvolveu mercados online que conectavam compradores a vendedores de produtos e de serviços, como casas, carros e vagas de emprego. Essas plataformas tendem a render sucesso às empresas, portanto, ao agir rápido, a Axel Springer conseguiu encurralar o mercado. Ela criou plataformas similares em vários países, o que lhe permite compartilhar aprendizado e tecnologia. As plataformas, agora, são responsáveis pela maior parte da rentabilidade da empresa, e a criação de mercados similares para outros produtos e serviços, em vez do negócio principal do jornalismo, é vista pela empresa como um caminho a ser seguido no futuro.

FAÇA AS COISAS DE MANEIRA DIFERENTE

A segunda maneira pela qual podemos usar a disrupção para inovar é fazendo as coisas de modo diferente em nosso negócio principal. O objetivo é ir além das estratégias de "empréstimo" e de "eliminação" e identificar maneiras radicais de redefinir a forma como competimos no mercado principal. Considere, por exemplo, como o fornecedor de equipamentos agrícolas John Deere está usando *big data* para revolucionar a agricultura. De acordo com um relatório: "[John Deere] lançou vários produtos capazes de conectar os equipamentos John Deere uns aos outros, assim como a proprietários, operadores, revendedores e consultores agrícolas. Essa interconectividade ajuda os agricultores a aumentar a produtividade e a eficiência. A John Deere utiliza sensores acoplados aos equipamentos para ajudar os agricultores a gerenciar a frota e para diminuir o tempo de inatividade dos tratores, bem como economizar combustível. As informações são combinadas com dados climáticos passados e também em tempo real, com condições do solo, com características da safra e muitos outros dados. As informações são apresentadas na plataforma MyJohnDeere.com assim como no aplicativo para iPad e iPhone 'Mobile Farm Manager', a fim de ajudar os agricultores a descobrir o que plantar, onde e quando; quando e onde arar; de onde virá melhor lucro com as plantações; e até mesmo qual caminho seguir ao arar".[16] Em resumo, a John Deere passou de fornecedor de equipamentos agrícolas para fornecedor de soluções agrícolas.

A migração de produtos para soluções é um tema comum em muitas empresas. O conglomerado sueco Assa Abloy migrou do negócio principal de fornecimento de chaves para soluções de abertura de portas. O fabricante alemão de máquinas agrícolas Claas passou a ser o assistente pessoal digital dos agricultores, ajudando-os com tecnologias e dados conectados para otimizar as operações nas fazendas. A GE (General Electric) criou uma divisão digital para desenvolver softwares em nuvem típicos da era da internet a fim de ajudar os clientes a manter e a reparar máquinas e equipamentos pesados. A Schneider Electric passou de fornecedor de hardware para fornecedor de gerenciamento de energia por meio de uma plataforma aberta pelo conceito da Internet das Coisas (IoT). A Adobe passou da venda de software físico para o oferecimento de experiências digitais, plataformas comerciais e análise.

Redefinir o negócio passando de fornecedor de produtos para fornecedor de soluções e serviços é apenas uma forma de inovar no negócio principal. O banco holandês ING oferece outra maneira. Sua transformação digital se baseia em seu objetivo de se tornar uma plataforma bancária, conectando compradores e vendedores, inclusive oferecendo produtos de terceiros. Aprimorando sua enorme base de dados, bem como as tecnologias digitais, vem construindo uma plataforma a fim de se tornar o "queridinho" para as necessidades financeiras dos clientes. O banco belga KBC deu um passo além. Primeiro, através de seu aplicativo, ele fornece aos clientes uma plataforma móvel, ativada por voz, para conectá-los a lojas online. Além disso, analisa os vastos dados de clientes para desenvolver soluções e oferecê-las aos clientes antes mesmo que estes saibam que precisam delas. O objetivo do KBC Bank é passar de uma empresa movida a IA/dados para uma movida a soluções.

Inovação é o segredo

A estrutura fornecida aqui é apenas uma maneira de abordar a tarefa de desenvolver uma estratégia de resposta. As quatro perguntas não são as únicas que podem ser feitas, e a empresa não tem que basear a resposta em apenas uma dessas perguntas. Usar as ideias das quatro e combiná-las levaria a uma resposta ainda mais eficaz. Por exemplo, você pode "tomar emprestadas" ideias dos modelos de negócio dos disruptores para melhorar seu modelo e, ao mesmo tempo, identificar ideias que atacarão os pontos fracos dos modelos dos disruptores. Da mesma forma, é possível tomar emprestadas ideias para aprimorar as maneiras de se jogar o jogo e, ao mesmo tempo, eliminar atividades da cadeia de valor que não fazem mais sentido enquanto implementa formas radicais de inovar em suas abordagens. Assim, as ideias fluem das quatro perguntas e você deve usá-las para melhorar a tomada de decisão, não para restringi-la. Há, no entanto, um requisito fundamental a que todas as ideias devem atender. Como já argumentado no capítulo anterior, *a característica mais importante de uma estratégia eficaz de resposta é a capacidade de inovação*. Uma estratégia eficaz deve evitar a imitação do que outros fizeram em resposta à disrupção; em vez disso, deve ajudar a empresa a se diferenciar o máximo possível. Ou seja, ao responder às quatro perguntas, as ideias procuradas devem ser criativas e quebrar as regras.

É normal que se coloque a seguinte questão: "Como aumentar a criatividade corporativa de modo a desenvolver ideias inovadoras para a estratégia de resposta?" Esse é um dos tópicos mais pesquisados no mundo dos negócios, e literalmente centenas de ideias são propostas para ajudar os gerentes a desenvolver estratégias inovadoras ou modelos de negócios.[17] Por exemplo, o best-seller *A estratégia do oceano azul*, de W. Chan Kim e Renée Mauborgne, propõe seis técnicas analíticas que as empresas podem utilizar para desenvolver estratégias inovadoras de verdade: orientar-se por produtos substitutos, por grupos estratégicos, por grupos de compradores, por produtos complementares, pela orientação funcional-emocional da indústria e pelo tempo.[18] Da mesma forma, outro livro best-seller, *Competing for the Future*, de Gary Hamel e C.K. Prahalad, propõe cinco estratégias de abertura da mente para explorar: escapar da tirania do mercado-alvo, redefinir em que negócio se está, buscar conceitos de produtos inovadores, reverter as suposições tradicionais de preço e de desempenho e empregar o marketing de exploração de novos mercados.[19] Uma tentativa mais recente identificou quatro maneiras possíveis de inovar na própria estratégia: contradizer a sabedoria convencional, combinar produtos ou serviços que tradicionalmente têm sido separados, transformar limitações, responsabilidades ou restrições em oportunidades e obter ideias de áreas ou de disciplinas distantes.[20] A lista continua, e as possibilidades são infinitas. Eu listo vinte técnicas extras na Figura 8.2:

Figura 8.2 — Técnicas para lhe ajudar a desenvolver uma estratégia de resposta inovadora

- Utilize técnicas analíticas, como as cinco forças de Porter ou as curvas de valor
- Use inovação aberta e *crowdsourcing*
- Redefina em que negócio você está
- Use analogias
- Faça o oposto das suposições aceitas no setor e cresça com elas
- Utilize técnicas de recombinação criativa
- Questione o *quem*, o *que* e o *como* de seu negócio
- Identifique e explore os pontos fracos das estratégias de seus rivais
- Crie uma crise positiva que levará a um questionamento ativo
- Democratize seu processo estratégico
- Aborde sua empresa como um empresário ou como um novo ingressante no mercado
- Identifique e aprimore suas competências principais
- Desafie e descarte as crenças sem sentido comuns em sua área
- Traga ideias de outras áreas e disciplinas ou da história
- Identifique e supere as restrições no setor
- Transfira competências de outras partes do negócio
- Institucionalize o princípio da variedade em seu processo estratégico
- Use a técnica d'Os Seis Chapéus do Pensamento, de Edward de Bono
- Adote a perspectiva de um investidor de que você gosta, como um cliente ou um fiscalizador
- Converse com quem não é cliente ou com empresas em mercados adjacentes

O princípio da variedade

Com uma infinidade de técnicas a serem usadas, qual ou quais devem ser escolhidas por uma empresa? A resposta é bastante simples: não importa. O segredo não é encontrar a "melhor" técnica, porque tal coisa não existe. Em vez disso, o segredo é explorar todas, *institucionalizando o princípio da variedade em seu processo estratégico*. Isso é muito importante, então me permita explicar o que quero dizer. Antes de mais nada, o que é o princípio da variedade? Basicamente é a afirmação de que a criatividade é reforçada quando abordamos um problema de diferentes ângulos ou diferentes perspectivas. Não é um bicho de sete cabeças, e provavelmente é algo que nós aprendemos desde cedo. É também algo que pode ser aplicado a qualquer problema que estamos enfrentando, não apenas problemas comerciais. A técnica d'Os Seis Chapéus do Pensamento, de Edward de Bono, é uma das técnicas mais conhecidas que tenta aplicar esse princípio na gestão.[21] A lógica subjacente ao princípio é que, quando desenvolvemos uma forma dominante de pensar sobre algo, nos tornamos pensadores passivos. Em outras palavras, não pensamos sobre a questão de forma ativa e não prestamos atenção durante qualquer discussão sobre ela. Portanto, a fim de "acordar" o cérebro para o pensamento ativo, precisamos escapar de nossa maneira de pensar dominante, e o melhor jeito de fazer isso é começar a pensar a partir de um novo ponto de partida (ou seja, de uma perspectiva diferente). Como o cérebro não está acostumado a pensar diferente, o próprio fato de forçá-lo a partir de um ponto de partida desconhecido fará com que ele reverta para o pensamento ativo. Isso aumenta a probabilidade de pensarmos em novas ideias.

Incorpore variedade em seu processo estratégico

Se esse é o princípio, como o aplicamos no desenvolvimento de nossa estratégia? Simples. Em vez de usar apenas uma das muitas estratégias listadas na Figura 8.2, ou em vez de procurar a "melhor", o ideal é usar várias. Quanto mais, melhor. Cada vez que mudamos de uma técnica para outra, estamos forçando o cérebro a pensar de uma perspectiva diferente, e isso encorajará um pensamento mais ativo. Embora a ideia seja simples, a realidade é que a maioria de nós não a coloca em prática. É por isso que eu sugeri, anteriormente, que o princípio deveria ser institucionalizado no processo estratégico. Algo é institucionalizado quando se torna parte da cultura ou dos processos da empresa, de modo que se torna rotineiro e quase automático. Como resultado, acontece naturalmente, sem que ninguém tenha que pensar sobre isso. Assim, o processo estratégico deve ser projetado de tal forma que a diretoria seja obrigada a passar por várias das técnicas listadas na Figura 8.2 como parte do processo. Por exemplo, comece a pensar em sua estratégia usando uma das técnicas. Depois de desenvolver algumas ideias, mude para uma abordagem ou técnica totalmente diferente. Continue fazendo isso até ter usado de oito a dez das abordagens. Para maximizar o impacto, diferentes pessoas poderiam ser convidadas a usar diferentes técnicas. Dessa forma, teremos variedade não apenas nos processos de pensamento, mas também entre as pessoas que pensam.

Melhorar o desenvolvimento estratégico incorporando o princípio da variedade no processo estratégico é obviamente importante, mas não devemos cometer o erro de supor que apenas isso será suficiente para gerar estratégias inovadoras. A verdade é que o processo de desenvolvimento de estratégias superiores é parte planejamento, parte intuição, parte tentativa e erro. Seria necessário um planejador irremediavelmente romântico para argumentar que só a análise, por melhor que seja, é o que cria estratégias de maestria. Da mesma forma, será igualmente ingênuo fingir que a análise não é necessária, ou que a intuição, a tentativa e o erro são suficientes para dar origem a uma estratégia vencedora. Todos são ingredientes essenciais para o desenvolvimento de uma estratégia, e todos devem ser parte integrante do processo estratégico. Discutiremos a importância da experimentação no próximo capítulo.

Sua estratégia requer uma nova unidade de negócios?

Ao desenvolver uma estratégia de resposta, uma das decisões mais importantes que qualquer empresa terá que tomar é se deve ou não implementar a estratégia de resposta por meio de uma unidade separada. Foi assim que muitas companhias aéreas, como a Qantas e a Singapore Airlines, optaram por responder ao modelo de negócio de baixo custo e sem serviço de bordo desnecessário, e foi assim que vários bancos, como o Santander e o BNP Paribas, optaram por tirar proveito da era de banking digital. A decisão será influenciada por vários fatores. Um deles é a avaliação da diretoria sobre como a forma estabelecida de fazer negócios se comportará diante da disrupção. Se a diretoria acredita que a forma estabelecida não tem futuro, então talvez seja melhor criar uma unidade separada para que os negócios cresçam, enquanto se permite que o negócio principal se concentre na gestão de seu declínio gradual. As empresas jornalísticas poderiam ser um exemplo dessa forma de pensar: se você acha que o negócio de impressão está com os dias contados, talvez faça sentido desenvolver seu negócio futuro por meio de uma unidade separada. Mas essa não é necessariamente a única opção, e empresas como o *The New York Times*, nos EUA, e o *The Guardian*, no Reino Unido, escolheram claramente uma estratégia diferente. Entretanto, uma avaliação sombria do futuro do negócio principal é com certeza um dos fatores-chave que influenciará a decisão de criar uma unidade separada.

Outro fator é a agressividade com que uma empresa quer entrar no mercado criado pela disrupção. Não há dúvida de que a criação de uma unidade separada permitirá uma tomada de decisão mais rápida e comportamentos empresariais que não vemos com frequência em empresas grandes e estabelecidas. Assim, quanto mais agressiva for a vontade de entrar em um novo mercado, mais provável será a criação de uma unidade separada por uma empresa grande.

Outro fator que influenciará a decisão é a presença de conflitos entre a forma existente de competir no mercado principal e o que é necessário para competir no novo mercado. Por exemplo, o novo mercado pode crescer às custas do mercado principal, o que criará um conflito de canibalização. Da mesma forma, o novo modo de competir pode prejudicar os distribuidores existentes, o que, por sua vez, prejudica o mercado principal. A presença de conflitos significa que o negócio principal e seus gerentes, muitas vezes, descobrirão que o novo modelo está crescendo às suas custas. Eles terão, portanto, incentivos para restringi-lo ou mesmo extermná-lo. Criar uma unidade separada para que o novo mercado cresça pode ser uma boa maneira de administrar os conflitos. Ao manter os dois modelos de negócio separados, você evita que os processos e a cultura existentes da empresa asfixiem o novo modelo. A nova unidade pode desenvolver a própria cultura, processos e estratégia sem a interferência da empresa-matriz. Ela também pode administrar os negócios como bem entender, sem ser sufocada pelos gerentes da empresa estabelecida que veem ameaças de canibalização e canalizam conflitos a cada reviravolta.

Conexão com o negócio principal

A criação de uma unidade separada não garantirá o sucesso por si só. Após criar uma, a empresa ainda deve encontrar maneiras de explorar seus pontos fortes (como a marca, os recursos financeiros e a experiência no setor) na nova unidade. Nesse sentido, a pergunta que precisa ser feita não é "Devemos separar ou não?", mas sim "Quais atividades em nossa cadeia de valor separamos e quais atividades mantemos integradas?". Há cinco áreas para as quais a pergunta precisa ser feita:[22]

1 *Localização*: a unidade separada deve ser localizada perto da empresa-matriz ou longe dela?

2 *Nome*: a unidade separada deve adotar um nome semelhante ao nome da matriz, como fez a United ao nomear a unidade separada de Ted, ou deve ser totalmente diferente, como fez a BA ao nomear a unidade separada de GO?

3 *Patrimônio*: a unidade deve ser uma subsidiária integral da matriz ou a matriz deve possuir apenas uma determinada porcentagem do patrimônio líquido?

4 *Atividades da cadeia de valor*: quais atividades da cadeia de valor a unidade deve desenvolver por conta própria e quais devem ser compartilhadas com a matriz? A resposta mais comum à pergunta é permitir que a unidade desenvolva as próprias atividades voltadas ao cliente e compartilhe as atividades administrativas com a matriz. Essa, porém, pode não ser a solução apropriada para todas as empresas, portanto a questão tem que ser considerada caso a caso.

5 *Ambiente organizacional*: a unidade deve ser autorizada a desenvolver a própria cultura, valores, processos, incentivos e pessoal, ou qualquer um desses deve ser compartilhado com a matriz? Mais uma vez, a solução mais comum é permitir que a unidade desenvolva a própria cultura, mas unindo a matriz e a unidade por meio da adoção de valores comuns compartilhados. Isso, porém, pode não ser apropriado para todas as empresas, portanto, mais uma vez, é algo que precisa ser considerado caso a caso.

Certifique-se de que o novo negócio tenha uma estratégia única

Além de decidir quais atividades separar e quais manter, a empresa deve decidir qual estratégia a nova unidade deve adotar. É imperativo que a matriz evite "exportar" a estratégia do negócio principal para a nova unidade. Embora seja compreensível o desejo de transferir os pontos fortes, as competências e os conhecimentos da empresa para a nova unidade, não deve ser entendido que a estratégia do negócio principal também precisa ser transferida para a nova unidade. Parece surpreendente, mas muitas empresas estabelecidas cometeram esse erro. É fácil pensar que o mercado que está sendo criado pela disrupção é simplesmente uma extensão do mercado estabelecido. Afinal de contas, qual é a diferença entre a parte menos valorizada do setor aéreo e a parte estabelecida? Não são simplesmente dois segmentos do mesmo mercado? Se as empresas começarem a pensar dessa maneira, naturalmente estarão próximas de entrar no novo mercado com um movimento lateral de seu mercado estabelecido. Assim, em vez de entrar como empresárias de mente aberta, elas se preocuparão em como aprimorar seus recursos no novo mercado. Em vez de começar com as realidades do novo mercado e trabalhar em retrocesso para projetar uma estratégia apropriada, começarão com o que têm no mercado estabelecido e tentarão transferi-lo para o novo mercado. Como resultado, imitarão com frequência o modelo de negócio bem-sucedido de seus disruptores e tentarão competir usando os pontos fortes deles.

A fim de ter sucesso, as empresas precisam estar atentas o suficiente para compreender que, embora o novo mercado *se assemelhe* ao mercado estabelecido, não é nada mais do que uma ilusão. Portanto, elas devem se aproximar do novo mercado como empresárias, perguntando-se: "Se eu fosse entrar nesse novo mercado, qual estratégia deveria adotar?" Em vez de se concentrar na defesa do mercado existente, seu objetivo deveria ser o de atacar o novo mercado. E, como sabemos por pesquisas que a nova entrada no mercado quase sempre acaba em fracasso, a menos que o atacante adote um modelo de negócios inovador, as empresas estabelecidas que entram nos novos mercados adotando uma nova estratégia radical terão maiores chances de serem bem-sucedidas.[23]

Sua nova estratégia vai funcionar?

Em 1988, Jean Paul Gaillard deixou a Philip Morris para se juntar à Nespresso como diretor comercial. A Nestlé vinha fazendo pesquisas sobre o conceito de Nespresso desde 1976. Finalmente, testou o novo produto no Japão em 1986 e o introduziu no mercado suíço no mesmo ano, tornando-se um grande fiasco. Trimestre após trimestre, as vendas estavam significativamente abaixo do objetivo, e nenhum esforço da diretoria para melhorar os lucros parecia funcionar. Logo, a empresa ganhou má reputação no mercado, e as pessoas dentro da Nestlé começaram a se referir a ela como um "buraco negro" no qual o dinheiro era jogado apenas para desaparecer. A situação era tão ruim que a Nestlé decidiu encerrar o novo produto apenas algumas semanas depois que Gaillard se juntou à Nespresso.[24] Foi uma grande surpresa para Gaillard, mas, em vez de desistir, frustrado, ele pediu a seus chefes mais algum tempo para desenvolver e tentar uma nova estratégia para a Nespresso. O resto, como dizem, é história. Gaillard mudou de forma radical o posicionamento e a estratégia originais de mercado da Nespresso e a colocou em um caminho de tremendo crescimento e lucratividade. Hoje, é uma das marcas mais fortes no portfólio da Nestlé e uma das unidades mais rentáveis.

Não há dúvida de que a estratégia desenvolvida por Gaillard foi uma ruptura radical com a estratégia original da

Nespresso. Por exemplo, ele mudou o posicionamento da Nespresso do mercado de massa para o de luxo. Mudou a distribuição das máquinas de café de lojas de eletrodomésticos para varejistas de alto nível, como a Harrods e a Bloomingdale's. Mudou a distribuição das cápsulas de café dos supermercados para o Nespresso Club. Mudou o cliente-alvo de escritórios para indivíduos. Separou a fabricação da máquina da fabricação do café e terceirizou a fabricação do maquinário a OEMs (Fabricantes Originais do Equipamento), como a Krupps e a Philips. Todos sabem, agora, que a nova estratégia foi um tremendo sucesso, mas no momento da introdução deve ter parecido uma tremenda aposta. O que deu a Gaillard a confiança para implementá-la? Mais importante ainda, o que deu à Nestlé a confiança para investir nela?

Nas próprias palavras de Gaillard: "Você pode fazer pesquisa de mercado para verificar suas ideias, mas tenho a crença de que a pesquisa de mercado não é muito eficaz quando se trata de coisas realmente novas. Essa pesquisa é útil, mas apenas para verificar coisas que já existem. Os consumidores só podem lhe dar um feedback significativo sobre o que já sabem. Para coisas inovadoras de verdade, é melhor que você as teste no mercado. Assim, para ter certeza de que minhas ideias eram boas e funcionavam, nós testamos algumas de forma limitada. Por exemplo, minha proposta de mudar o cliente-alvo de escritórios para indivíduos sofreu resistência da diretoria. Portanto, eu disse: 'Muito bem, vamos testar essa.' Fomos a duas lojas de eletrodomésticos em Genebra, mais duas em Lausanne e outra em Nyon, e começamos a vender máquinas Nespresso a consumidores individuais. Meu objetivo era testar por uma semana e entregar um público-alvo alto o bastante para que a diretoria pensasse no assunto. Não demorou nem uma semana para vermos o consumidor individual responder com entusiasmo à oferta."

Essa história destaca o principal desafio que enfrenta qualquer empresa com uma nova estratégia: como você sabe se sua estratégia é boa e como convencer o resto da empresa a segui-la? É o caso específico de estratégias inovadoras de verdade. Como temos argumentado repetidas vezes neste capítulo, uma estratégia de resposta eficaz deve evitar a imitação do que outros fizeram em resposta à disrupção e, em vez disso, ajudar a empresa a se diferenciar o máximo possível. Em outras palavras, deve ser uma estratégia inovadora. Imagine que você tenha conseguido desenvolver uma estratégia superinovadora. A tarefa agora é avaliar se ela é boa e convencer o resto da empresa a abraçá-la. Como fazer isso? Como o exemplo da Nespresso destaca, a experimentação pode ser uma maneira eficaz de testar uma nova estratégia e convencer os outros a aceitá-la. É verdade, mas o que as pessoas esquecem é que há os bons e os péssimos experimentos. Como ter a certeza de projetar e realizar um experimento inteligente, ainda mais quando se trata de experimentar uma nova estratégia? No capítulo seguinte, abordaremos a questão.

09

Teste sua estratégia de resposta

Como testar de maneira inteligente

Uma estratégia eficaz de resposta deve permitir que a empresa não apenas se defenda contra a disrupção, mas também que a explore. O objetivo deve ser aproveitar as mudanças provocadas pela disrupção a fim de reposicionar e diferenciar a empresa no novo ambiente comercial. Uma vez desenvolvida tal estratégia, o desafio passa a ser a maneira de convencer o pessoal de que é a resposta correta. Além disso, nenhuma estratégia será perfeita desde o início, portanto precisamos garantir que aprendamos com o mercado e ajustar o que estamos fazendo de acordo. Como saber se a estratégia está correta e como convencer os outros a apoiá-la? Uma boa maneira de alcançar ambos os objetivos é por meio da experimentação. Em vez de debater sem parar se uma ideia é boa ou ruim, por que não a testar no mercado de forma rápida e a baixos custos para ver se funciona ou não? Não é uma sugestão controversa, pois os benefícios da experimentação são muitos e bem conhecidos. Entretanto, a verdade é que alguns experimentos são melhores do que outros. Qual é a diferença entre um experimento inteligente e um não tão esperto? Podemos responder a essa pergunta examinando dois exemplos: de um bom experimento e de um ruim.

Exemplo 1: easyCinema

Em maio de 2003, Stelios Haji-Ioannou, o fundador da easyJet, lançou um novo empreendimento chamado easyCinema. O objetivo da empresa era virar a indústria cinematográfica de ponta-cabeça, da mesma forma que a easyJet fez no ramo aéreo. Começando com a premissa de que, em média, apenas um em cada cinco assentos de cinema era vendido para determinada exibição, e que o custo de ir ao cinema era muito alto, um novo modelo de negócio foi desenvolvido. O modelo utilizou preços dinâmicos para determinar o preço de um ingresso com base em fatores que influenciavam a demanda por um filme, como a popularidade, o dia e a hora em que o cliente queria assistir ao filme e o tempo desde seu lançamento. Como resultado, a empresa pôde oferecer exibições por apenas vinte centavos quando o preço médio do ingresso em Londres era de dez libras, mais um adicional de oito libras para pipoca e refrigerante. Não se sabia qual seria o preço máximo do ingresso, mas acreditava-se que seria inferior a cinco libras. Além disso, as salas de cinema easyCinema foram projetadas para serem operações de baixo custo. Por exemplo, não havia balcões de bilheteria. O cliente comprava o ingresso online, imprimia um recibo e usava o código de barras para acessar o cinema. Além disso, não havia funcionários disponíveis nas salas para ajudar os clientes. Não havia bebidas, sorvete ou pipoca à venda, mas os clientes eram incentivados a trazer as próprias bebidas se quisessem. Ao final das sessões, a empresa encorajava os clientes a limpar o lugar, muito semelhante ao que faziam em voos easyJet.

O novo modelo de negócio era radical e não convencional, e a empresa decidiu testá-lo primeiro de forma limitada antes de lançá-lo no mercado. Para o teste inicial, foi escolhido um cinema multiplex de dez telas na pequena cidade de Milton Keynes, uma hora ao norte de Londres. A empresa o alugou por três anos e o transformou em um easyCinema. O novo empreendimento inicialmente enfrentou dificuldades para ter acesso aos grandes filmes porque as grandes distribuidoras não estavam preparadas para estrear novos filmes em uma empresa que usava o modelo de gestão de rendimento. No entanto, o easyCinema conseguir iniciar as operações por meio da exibição de filmes de produtores independentes. O novo cinema recebeu atenção nacional e internacional, e várias redes de TV dedicaram um tempo significativo para discuti-lo. No dia do lançamento, equipes de TV de oito países, incluindo o Japão e os EUA, estiveram presentes para noticiá-lo. O próprio Stelios Haji-Ioannou apareceu por bastante tempo em noticiários e deu entrevistas para jornais, promovendo o novo serviço.

A experiência durou três anos. Nos primeiros meses, atraiu grandes multidões, mas o entusiasmo inicial não permaneceu, embora a empresa tenha conseguido acesso a filmes em primeira mão por um preço fixo. O easyCinema também abriu mão de não servir pipoca e bebidas, mas não foi suficiente para reverter o declínio de público. O cinema fechou em maio de 2006 e nenhuma outra tentativa foi feita para relançá-lo em outro lugar, aproveitando o aprendizado adquirido por meio da experiência. Talvez esse tenha sido o aprendizado: de que não foi um bom conceito e que deveria ser encerrado. No entanto, não foi o que Stelios Haji-Ioannou disse ao encerrar as atividades. Em vez disso, ele reclamou que as grandes distribuidoras se recusaram a liberar os filmes para ele e insinuou que tomaria medidas legais contra elas. Também comentou que talvez fosse melhor ter testado em Londres em vez de na pequena cidade de Milton Keynes.

O que podemos aprender com essa experiência? O easyCinema testou a estratégia antes de investir enormes recursos, e nossa tarefa é avaliar se o experimento foi bom. Empreender um experimento é exatamente o que recomendamos às empresas. Especificamente, nós as aconselhamos a testar uma nova estratégia e usar qualquer aprendizado para melhorá-la antes de investir enormes recursos na implementação. Se aprendermos por meio do experimento que a estratégia está destinada ao fracasso, que assim seja. Nós a descartamos e seguimos em frente. Ao menos teremos economizado muito dinheiro e muita dor de cabeça. Nesse sentido, não podemos usar o "fracasso" do easyCinema como prova de que o experimento não foi bom. Talvez o experimento tenha feito seu trabalho ao nos informar de que o modelo de negócio não era viável. Portanto, como avaliar se o experimento foi bom, independentemente do resultado final?

Foi um bom experimento?

Sim, é possível avaliar quão bom é um experimento sem saber o resultado, e, no caso do easyCinema, o experimento foi ruim. Para entender por que esse é o caso, vamos empreender um experimento de reflexão. Imagine que você realize esse experimento e o resultado após seis meses seja um fracasso total: ninguém está interessado em ir a seus cinemas para assistir a um filme, nem mesmo por vinte centavos. Portanto, você se reúne com sua equipe de gestão para entender as razões do fracasso. Você pede à equipe que lhe dê uma avaliação. Alguém diz que, em sua opinião, o fracasso pode ser atribuído ao local. Por várias razões, a pequena cidade de Milton Keynes não é o lugar certo para testar o novo conceito. Nesse ponto, outra pessoa entra na discussão para discordar da avaliação. Ela argumenta que o fracasso não teve nada a ver com o local, mas sim com o "produto". Ir ao cinema é uma experiência, e nós privamos as pessoas disso. Se elas quisessem assistir a um filme por vinte centavos, poderiam ficar em casa assistindo a um DVD. Nesse momento, outra gerente entra na conversa para dar sua opinião. Ela argumenta que nenhum dos dois motivos é a verdadeira razão do fracasso em atrair clientes. Na opinião dela, a verdadeira razão é o fato de não podermos oferecer às pessoas os filmes blockbuster que os grandes estúdios estavam produzindo. Nem é preciso dizer que a discussão poderia continuar por muito tempo. A questão é a seguinte: sabemos qual dos gerentes está correto? Sabemos quais motivos são as verdadeiras razões para o fracasso? Na verdade, não. Todos podem estar corretos, ou podem estar errados, e outra razão, não mencionada, é a verdadeira causa do fracasso. Portanto, acabamos de fazer um experimento para aprender alguma coisa, e o que aprendemos? Nada.

E se o resultado do experimento não foi um fracasso total, mas um grande sucesso? Imagine esse resultado, então você se reúne novamente com a equipe de gestão para avaliar por que teve tanto sucesso. Você pede à equipe que lhe dê as avaliações. Alguém diz que foi o preço baixo que atraiu os clientes; outro diz que foi a novidade da experiência; outra pessoa entra na discussão e argumenta que o local fez a diferença —Milton Keynes está cheia de clientes sedentos por uma oferta de baixo custo; ainda assim, alguém pensa que são os filmes não convencionais exibidos. Mais uma vez, a discussão pode continuar para sempre, mas considere as mesmas perguntas de antes: sabemos qual dos gerentes está correto? Sabemos quais motivos são as verdadeiras razões para o sucesso? Na verdade, não. Acabamos de fazer um experimento para aprender algo, e acabamos não aprendendo nada.

Alguém pode dizer que estamos sendo muito rígidos com o experimento. O que importa se não soubermos as razões específicas do fracasso ou do sucesso? O objetivo não é saber se algo funciona ou não, não importa quais sejam os fatores específicos? A resposta é sim e não. Sim, queremos saber se algo funciona ou não, mas também precisamos saber *por que* funciona ou não. Mesmo que funcione bem, pode haver elementos que poderiam ser aprimorados, portanto precisamos saber quais. Mesmo que fracasse, pode ser devido a um ou dois detalhes que precisam ser aprimorados. Uma vez aprimorado ou alterado, o modelo de negócio pode funcionar muito bem. Seria uma pena descartá-lo sem dar a ele uma chance de melhorar por si só. Portanto, o propósito do experimento não é apenas tomar uma decisão de aceite ou de recusa, mas também aprender sobre os vários componentes do modelo de negócio e melhorá-lo. Além disso, o resultado pode ser apenas sorte. Se esse for o caso, talvez estejamos jogando fora um modelo de negócio perfeitamente bom ou investindo em um modelo que, em breve, começará a apresentar resultados ruins. Precisamos entender o *porquê* do resultado específico a fim de tomar uma decisão inteligente sobre como proceder.

Então, qual foi o problema com o experimento e por que não aprendemos nada sobre o conceito easyCinema não funcionar? A resposta é óbvia para qualquer pessoa que já tenha realizado um experimento científico em um laboratório: há muitas variáveis (ou seja, não são constantes) durante o experimento que podem afetar o resultado. Desse modo, não sabemos quais variáveis são importantes e quais não são. Vamos tentar entender o que isso significa no contexto do experimento do easyCinema. Como em qualquer novo modelo de negócio, há muitas incertezas nesse conceito. Por exemplo, será que um número suficiente de clientes achará a proposta de valor de filmes baratos sem atendimento e sem bonbonnière tentadora o bastante? Conseguiremos que os grandes estúdios e distribuidoras nos deixem alugar os principais filmes? Será que fará diferença se oferecermos pipoca e bebidas? O preço inicial de 99 centavos causará o mesmo maravilhamento que vinte centavos? Seremos capazes de trazer alguns funcionários sem estourar o orçamento? O conceito é mais tentador na rica e cosmopolita Londres ou em cidades menores e menos ricas? Não temos as respostas, e o objetivo é fazer o experimento para descobrir. É verdade que algumas incertezas podem ser resolvidas com pesquisa básica de mercado, mas não há pesquisa suficiente que elimine todas as incertezas. O problema é que, se fizermos um experimento com todas as incertezas do modelo, não saberemos o que causou o resultado final. Foi o local, ou talvez o preço, ou talvez o serviço e o produto oferecido? Não tem como saber com base em apenas um experimento.

Qual é a solução para o problema? Uma possibilidade é fazer, primeiro, uma lista de todas as principais incertezas do modelo de negócio. A melhor maneira de identificá-las é tomar nota dos tópicos ou questões que geram as discussões e os desacordos mais acalorados entre a diretoria. Por exemplo, se os diretores não concordarem se o modelo de negócio easyCinema é adequado para Londres ou Milton Keynes, você sabe que a localização é uma grande incerteza que precisa ser resolvida. Uma vez feita a lista, identifique quais incertezas podem ser resolvidas por meio de pesquisa de mercado e não por experimentos. Por exemplo, você não precisa de um experimento para descobrir se as grandes distribuidoras estarão dispostas a alugar os filmes, pois é algo que você pode determinar conversando com elas. A eliminação de incertezas por meio de pesquisa de mercado é importante porque cada incerteza restante exigirá um experimento específico para resolvê-la. Ter muitas incertezas significa ter que realizar muitos experimentos, o que pode encarecer a coisa. Uma vez que o número de incertezas tenha sido reduzido a apenas algumas, você então projeta uma série de experimentos, cada um focado em uma incerteza. Mantendo as outras incertezas constantes, você realiza um experimento com a incerteza que está explorando em um nível e depois novamente em outro nível. Por exemplo, se pretende testar se a localização é importante, é preciso realizar o experimento easyCinema em Londres e depois em Milton Keynes. Qualquer diferença no resultado só pode ser atribuída à escolha do local. Da mesma forma, se a incerteza explorada é o fornecimento de pipoca e bebidas, você deve realizar o experimento sem os comes e bebes e depois repeti-lo no mesmo local com pipoca e bebidas. Mais uma vez, qualquer diferença no resultado pode estar diretamente ligada a essa incerteza.

Mencionei anteriormente que essa é uma maneira de resolver o problema de muitas variáveis ao mesmo tempo em qualquer experimento, então agora você compreende o porquê. A abordagem exigirá a execução de múltiplos experimentos para resolver cada incerteza, uma a uma. Pode ser caro e demorado, e até confundir os clientes. Há, é claro, maneiras de administrar os problemas — por exemplo, o easyCinema poderia usar cada uma das dez salas como locais diferentes para um experimento e executar os experimentos simultaneamente para economizar tempo. Uma alternativa seria optar por realizar experimentos em áreas geográficas que estão longe de seu mercado para não confundir os clientes ou manchar a marca se o experimento falhar. Foi isso que a Adobe optou por fazer quando estava pensando em mudar o modelo de negócio para um modelo de assinatura: ela testou o modelo de assinatura na Austrália, longe de seu principal negócio nos EUA. Entretanto, não há dúvida de que a estratégia de realizar múltiplos experimentos para testar cada incerteza, uma a uma, é cara e demorada. Existe uma alternativa para realizar um experimento? Consideremos o caso da Rent the Runway.

Exemplo 2: Rent the Runway

A Rent the Runway (RTR) foi fundada por duas colegas de classe da Harvard Business School, Jennifer Hyman e Jennifer Fleiss, em novembro de 2009. A RTR aluga vestidos de estilistas por quatro ou oito dias a uma pequena porcentagem do preço de varejo da peça através da plataforma RTR Reserve. Ela também oferece opções de assinatura mensal. Cada vestido alugado vem com um tamanho extra, sem custo adicional, para garantir que vá servir. O preço do aluguel inclui lavagem a seco e os cuidados com as peças. A empresa também aluga roupas infantis, assim como acessórios — como bolsas e joias —, e vende o essencial, como meias-calças e cosméticos. Além do negócio online, tem cinco lojas físicas em Nova York, Washington D.C., Chicago, Los Angeles e San Francisco. Os clientes podem visitar qualquer uma das lojas para pedir conselhos ou para alugar. Também podem reservar os vestidos com bastante antecedência. Em sua última rodada de financiamento, em março de 2019, a empresa foi avaliada em mais de um bilhão de dólares.

O modelo de negócio foi baseado na premissa de que as mulheres estariam dispostas a alugar em vez de comprar vestidos de grife.[1] Isso, por sua vez, dependia de designers que apoiassem a ideia e estivessem dispostos a "permitir" que seus vestidos fossem alugados. Para os estilistas, alugar vestidos a uma porcentagem do preço de varejo parecia um risco enorme de canibalização para seus lucrativos negócios de venda em lojas de departamento. Não era possível impedir que alguém comprasse os vestidos e depois os alugasse, mas a nova empresa não queria entrar no negócio tendo grandes estilistas falando mal ou não apoiando o empreendimento. Como resultado, as duas fundadoras decidiram testar a empreitada antes de qualquer coisa. Primeiro, abordaram Diane von Furstenberg, uma influente estilista, para pedir a opinião dela sobre a ideia. O plano original não era alugar os vestidos sozinhas. Em vez disso, os estilistas se comprometeriam a alugar por meio de seus websites e a RTR administraria o armazém e as operações de atendimento ao cliente por uma taxa. A fria resposta que a ideia recebeu de Furstenberg levou as fundadoras a rever o plano e optar pelo modelo atual: a RTR compra e aluga os vestidos. Reuniões com outros designers permitiram que elas fizessem mudanças adicionais no modelo que tinham em mente. Por exemplo, a princípio tinham planejado visar a mulheres mais velhas antenadas às roupas de grife e que tinham poder de compra. Depois de conversar com os estilistas, perceberam que fazer isso criaria o maior risco de canibalização no varejo. Decidiram, portanto, concentrar-se nas mulheres mais jovens, pois essas normalmente não comprariam vestidos de estilistas, mas, podendo alugá-los, os estilistas exporiam a marca e transformariam as jovens em futuras compradoras. Da mesma forma, a intenção original das fundadoras não era comprar os vestidos diretamente, mas tomá-los emprestados dos estilistas por meio de um acordo de participação nos lucros. A ideia foi deixada de lado quando ficou claro que os estilistas preferiam uma compra direta pela RTR.

Uma grande incerteza no conceito era se as mulheres estariam dispostas a alugar vestidos. Para avaliar a disposição, as fundadoras convidaram 140 estudantes da Universidade de Harvard para um "evento de moda" em um dormitório da universidade. Durante o evento, as 125 mulheres participantes tiveram que escolher entre 130 vestidos de 15 estilistas a preços que variavam entre 35 e 75 dólares. Elas foram incentivadas a experimentar os vestidos e a pedir conselhos de estilo. No fim das contas, 34% decidiram alugar um vestido. Esse experimento demonstrou que as mulheres alugariam vestidos, mas será que fariam isso se não tivessem a oportunidade de experimentá-los antes? Para testar, as fundadoras organizaram outro evento, na Universidade de Yale, no qual as estudantes viam os vestidos, mas não os experimentavam. Das mulheres que apareceram, 75% decidiram alugar, sustentando a ideia de que as mulheres alugariam sem experimentar. Tanto nos eventos da Harvard como nos da Yale, as participantes receberam envelopes pré-endereçados para devolver os vestidos pelo correio. O objetivo era testar se a devolução através do correio era uma opção viável. Na verdade, todos os vestidos foram devolvidos em dois dias e apenas dois tinham pequenas manchas. Finalmente, para avaliar se haveria compra online, mil mulheres receberam por e-mail PDFs com fotos de vestidos que poderiam alugar por telefone. Mesmo que apenas 5% alugassem um vestido, o número estava acima da taxa desejada para um serviço lucrativo.

Incentivadas pelos resultados, as fundadoras conseguiram financiamento e se prepararam para o lançamento. Uma semana antes do lançamento oficial, a empresa testou uma versão beta do serviço com cerca de cinco mil membros convidados. O teste permitiu que a RTR compreendesse que os clientes tinham muitas perguntas sobre a empresa e precisavam de orientação sobre o estilo. Como resultado, a empresa reforçou a equipe de atendimento ao cliente para tratar de perguntas e solicitações. Quando foi lançada em novembro de 2009, a RTR tinha apenas oitocentos vestidos de trinta estilistas em estoque. A ideia era usar a abordagem de produto mínimo viável[2] para dar o pontapé no negócio e ampliá-lo assim que o conceito fosse comprovadamente bem-sucedido. No início, a empresa permitiu que as lojas de departamento tivessem uma janela de venda exclusiva de várias semanas antes que a RTR oferecesse os mesmos vestidos para aluguel. O objetivo era minimizar a canibalização. Entretanto, os dados coletados nos primeiros meses de operação mostraram que a oportunidade de vendas adicionais nas lojas de varejo era muito maior do que qualquer risco de canibalização. Com base nos dados, a maioria dos designers abandonou a demanda por uma janela de venda exclusiva para lojas de departamento. Além disso, o feedback dos clientes nos estágios iniciais levou a RTR a redesenhar a página de boas-vindas do site e o processo de checkout.

Experimentação inteligente

Então, o que podemos aprender com a experiência da RTR sobre a experimentação "inteligente"?[3] Primeiro, para decidir quais experiências devem ser realizadas, você precisa especificar de antemão sobre quais aspectos quer aprender. Em outras palavras, quais são as incertezas no modelo de negócio ou as suposições ocultas em seu pensamento? A pior coisa que você pode fazer é realizar um experimento na esperança de aprender alguma coisa sem ter claro, com antecedência, exatamente o que precisa aprender. Identificar as incertezas no modelo de negócio não deve ser tão difícil e há várias estratégias que você pode usar. Uma delas é fazer um brainstorming com a equipe administrativa e listar as questões que geram os debates e desacordos mais acalorados entre os membros da equipe. Outra maneira é conversar com clientes potenciais, fornecedores, investidores ou outros interessados e identificar as questões que mais os preocupam. Podem ser utilizadas técnicas analíticas. Um bom modo de ajudar a identificar suposições ocultas é fazer um planejamento orientado para a descoberta.[4] Qualquer que seja o método adotado, o objetivo é identificar as principais incertezas no modelo de negócio que precisam ser resolvidas antes de poder implementá-lo. Tendo identificado as principais incertezas, a próxima questão a ser explorada é: "Qual dessas incertezas poderia ser resolvida por meio de uma pesquisa de mercado?" Por exemplo, uma incerteza no modelo de negócio da RTR que foi resolvida por meio de conversas com designers foi a questão da compra em vez do aluguel dos vestidos. Outra era se deveriam visar a mulheres mais velhas em vez de mais jovens. Outra era se a equipe da RTR precisaria alugar os vestidos sozinha ou se os estilistas fariam isso e se a RTR os apoiaria. Resolver as incertezas com pesquisas de mercado é importante porque reduz o número de experimentos que precisam ser realizados mais tarde.

A pesquisa de mercado não eliminará todas as incertezas. Nesse ponto, uma série de experimentos precisa ser projetada para testar uma incerteza de cada vez. O exemplo da RTR destaca bem o ponto. Ao contrário do easyCinema, a RTR não realizou apenas um experimento que testou todo o modelo de negócio de uma só vez. Em vez disso, realizou vários experimentos, cada um limitado em escopo, de baixo custo e rápido. Cada experimento testou componentes individuais do modelo de negócio: as mulheres vão alugar vestidos? Alugarão sem experimentá-los? Alugarão online? Se você se lembra, é exatamente o mesmo processo que Gaillard seguiu ao testar a nova estratégia da Nespresso. Em vez de testar toda a estratégia de uma só vez, ele testou componentes individuais — por exemplo, avaliou se indivíduos em vez de escritórios deveriam ser o cliente-alvo através de uma série de experimentos em cinco varejistas ao longo de uma semana. Testar todo o modelo dificulta o aprendizado porque muitas variáveis (ou seja, componentes do modelo de negócio) ocorrem ao mesmo tempo.

Uma vez resolvida a maioria das incertezas, você terá um modelo de negócio pronto para lançamento. É apenas nesse ponto que você talvez faça um experimento final para testar todo o modelo. A ideia é ver se você perdeu alguma coisa ou se alguma consequência não intencional emerge. Por exemplo, a RTR executou uma versão beta de seu serviço uma semana antes do lançamento e, no processo, descobriu que tinha que reforçar a capacidade de atendimento ao cliente. O lançamento em si deve ser considerado como mais um experimento no processo de aprendizagem. Por isso, no começo é menor e de baixo custo para ver se funciona de acordo com o planejado. Os primeiros meses de operação também são valiosas oportunidades de aprendizado. Por exemplo, a RTR continuou coletando dados após o lançamento e testou se era necessário dar às lojas de departamento uma janela de venda exclusiva. Quando os dados mostraram que a oportunidade de vendas adicionais nas lojas de varejo era muito maior que qualquer risco de canibalização, a janela de venda exclusiva foi desconsiderada. Em resumo, a experimentação não tem que terminar com o lançamento da nova estratégia. Ela deve fazer parte das operações diárias da empresa e ser o método preferido para decidir sobre qualquer coisa nova que a empresa queira fazer no mercado.

É difícil convencer as pessoas a testar

Conduzir um experimento da maneira "correta" é uma coisa. Criar uma cultura de experimentação na empresa é outra. Como argumentamos no Capítulo 4, nossa agilidade será reforçada se criarmos uma cultura e um ambiente organizacional que encorajem cada funcionário a testar dentro de parâmetros estratégicos claros e explícitos estabelecidos pela diretoria. Obviamente, não se espera que o funcionário teste a estratégia de resposta tal como descrito, pois a decisão sobre qual estratégia adotar está fora dos parâmetros e de sua esfera de responsabilidade. Entretanto, muitas outras decisões provavelmente estarão dentro dos parâmetros e é importante que as pessoas saibam não apenas como conduzir os experimentos da maneira correta, mas também que é a coisa desejada a fazer. Como já discutido, os funcionários não farão experimentos, a menos que primeiro criemos um ambiente organizacional ao seu redor que apoie a experimentação. Entretanto, a preferência das pessoas por análise e argumentos racionais está tão enraizada em nossos sistemas educacionais e em nossas culturas nacionais, que criar um ambiente organizacional aconchegante à experimentação não será suficiente. É necessário, mas não suficiente.

A melhor maneira de ilustrar a natureza do problema enfrentado é por meio de um dos mais famosos enigmas da matemática: o enigma ou paradoxo de Monty Hall.[5] É assim: você está diante de três portas. Atrás de uma, há muito ouro. Atrás das outras duas, há cabras. Você escolhe uma porta ao acaso, na esperança de ganhar o ouro. Obviamente, a probabilidade de você ter escolhido a porta com o ouro é de uma em três. Nesse ponto, eu abro uma das outras portas que esconde uma cabra. Então lhe dou uma escolha: você quer manter sua escolha original ou quer mudar para a outra porta ainda não aberta? O que *você* vai escolher? Não é de se surpreender que a maioria das pessoas opte por manter a escolha original. Há trinta anos, passo esse enigma para meus alunos e diria que cerca de 85% optam por manter. Para eles, a lógica é simples: ainda existem duas portas e qualquer uma delas poderia esconder o ouro, portanto não importa se eles mantêm ou mudam de escolha. As duas portas apresentam uma probabilidade de 50%. Como não importa, preferem manter a escolha original, pois, se trocarem e perderem, ficariam chateados. Tudo soa perfeitamente lógico, mas a resposta correta é na verdade a oposta: a estratégia ideal é mudar. Por quê? Porque a probabilidade de ganhar o ouro ao mantê-la é uma em três, enquanto se você trocar a probabilidade de ganhar é duas em três. Há uma razão muito contraintuitiva para a resposta, portanto não ajudará se eu tentar explicar. Entretanto, não é a razão pela qual menciono o enigma aqui. A verdadeira razão é contar a vocês duas coisas que acontecem depois de testarmos o enigma na aula.

Primeiro, antes de darmos a resposta correta aos alunos, pedimos que passassem um tempo convencendo os colegas de que a abordagem deles era a correta. Basicamente, primeiro pedimos a todos que optaram por manter a escolha para convencer as pessoas de que era a estratégia correta. Passada meia hora, então, damos a quem optou por trocar de escolha a mesma oportunidade e tempo para convencer os outros de que a troca é a melhor estratégia. Ao longo de trinta anos, com milhares de participantes envolvidos, nunca tivemos uma única pessoa que conseguisse convencer outra pessoa. Zero. Isso é bastante surpreendente e destaca como a lógica do enigma é contraintuitiva. Não importa que argumento as pessoas usem ou que lógica empreguem, elas simplesmente não conseguem persuadir os colegas de que existem probabilidades além dos 50/50. Nesse ponto, perguntamos aos estudantes se, além dos argumentos racionais, há outra maneira de convencer as pessoas. Bem depressa, eles decidem pela experimentação: por que não tentamos tal coisa algumas vezes para ver o que podemos aprender? Portanto, nós os dividimos em equipes e pedimos que passem um tempo testando o enigma algumas vezes. Pedimos que fizessem pelo menos cinquenta tentativas e depois informassem quantas vezes a estratégia de manter a escolha venceria e quantas vezes a de troca levaria a melhor. De modo previsível, equipe após equipe, relatou-se que a estratégia de troca venceu na maioria das vezes. Claro, a estratégia de manter a escolha levou o ouro em algumas tentativas, mas a diferença nas probabilidades é tão grande (uma em três contra duas em três) que, se você testar o enigma vezes suficientes, a estratégia de troca vencerá quase sempre. É bastante impressionante estar em uma sala com quinze ou vinte equipes quando, uma a uma, relata-se qual estratégia foi vitoriosa no experimento. Na maioria dos casos, todas as quinze equipes relataram que a estratégia de troca é a vencedora. De vez em quando, surge uma equipe em que a estratégia de manter a escolha vence na maioria dos testes, mas, mesmo nesse caso, é uma contra quatorze equipes. A melhor estratégia está bem clara para todos.

Isso, é claro, ilustra a importância da experimentação para convencer outras pessoas sobre uma ideia. Quanto mais contraintuitiva ou não convencional for sua ideia, mais difícil será vendê-la a seus colegas e convencê-los a adotá-la. Mas ninguém pode discutir com dados. Um bom experimento permite que você colete os dados que, por sua vez, lhe permitirão vender sua ideia. Mas eis a lição mais interessante do enigma: depois de usar o exercício para ilustrar aos estudantes a importância da experimentação, nós então lhes demos uma série de problemas para resolver.[6] Às vezes, os problemas são atribuídos no mesmo dia em que executamos o enigma e, às vezes, durante as duas semanas seguintes. São problemas escolhidos a dedo cujas soluções são mais facilmente obtidas através da experimentação. Adivinhe: quase nunca os alunos usam a experimentação para resolvê-los. Mesmo depois de receberem dicas indiretas para "usar o aprendizado do enigma de Monty Hall" para resolver os novos problemas, os estudantes ainda tentam resolvê-los por meio de análise ou discussão. É como se as pessoas tivessem uma antipatia natural pela experimentação!

Ou seja, é bastante difícil convencer as pessoas a adotar um mindset de experimentação. Pode haver muitas razões para isso, tais como medo do fracasso, um sistema educacional tendencioso, recursos limitados ou pressões de tempo. Não há dúvida de que criar um ambiente organizacional que apoie e promova a experimentação pode ajudar, mas, devido à quantidade de fatores que vão contra ela, talvez seja necessário algo além do ambiente organizacional. Na verdade, temos que fazer duas coisas. Primeiro, temos que "institucionalizar" o comportamento de experimentação no coração da empresa. Ou seja, precisamos incorporá-lo não apenas na cultura, mas também nos processos e sistemas. É exatamente o que dissemos no último capítulo quando falamos sobre a necessidade de incorporar o princípio da variedade em nosso processo estratégico. De maneira semelhante, o comportamento de experimentação deve fazer parte da estratégia e dos processos de avaliação da empresa e parte das conversas do dia a dia nos corredores. A segunda coisa a fazer é *tornar a experimentação um hábito* entre os funcionários, uma parte da rotina da vida profissional que acontece de forma não consciente e quase automática.[7] Algo se torna quase automático porque já o fizemos tantas vezes que agora fazemos sem pensar. Considere, por exemplo, o quanto é preciso estar consciente enquanto se aprende a dirigir e, após anos de prática, como a direção se torna algo quase automático. Para ajudar os funcionários a desenvolver o hábito da experimentação, é preciso encorajá-los a iniciar o aprendizado empreendendo pequenos experimentos no início, assegurando que cada um seja uma experiência gratificante. Uma vez realizados vários experimentos em suas carreiras, a atividade deve se tornar mais natural e rotineira com o passar do tempo. Ao iniciar o processo dessa forma, podemos então construir um ambiente organizacional acolhedor a fim de sustentar a motivação. É a combinação desses fatores que ajudará a equipe a desenvolver o mindset de experimentação e superar o viés de análise que o sistema educacional planta em todos nós durante os primeiros vinte anos de nossas vidas.

10

Implemente sua nova estratégia

Como fazer a transição

A transição de uma estratégia para outra é sempre difícil, mas algumas transições são mais difíceis e mais demoradas do que outras. Há razões para isso, e é importante entender quais são e como administrá-las. Considere, por exemplo, as fortunas contrastantes de duas empresas que empreenderam uma mudança radical de estratégia mais ou menos ao mesmo tempo.

A primeira é a Auto Trader Group. A empresa é o marketplace online número um do Reino Unido para compradores de automóveis, com mais de 11 milhões de usuários novos a cada mês. Foi fundada em 1977 como uma revista impressa com anúncios classificados. A revista era publicada semanalmente em 12 edições regionais. A necessidade de edições regionais era óbvia: uma revista nacional exigiria milhares de páginas para listar todos os carros anunciados. Além disso, os consumidores procuravam carros nas comunidades locais e visitavam os revendedores regionais. A empresa logo reconheceu o potencial da internet e deu o primeiro passo para uma transformação digital em 1996, com a criação de uma unidade separada, a Autotrader

Online. A unidade tinha sede em Londres e a tarefa de movimentar os produtos, a distribuição e as operações da empresa online. A equipe original de vinte pessoas era composta por novos recrutas de fora do negócio principal, frequentemente descritos pelos gerentes do principal como "jovens e arrogantes". Eles receberam indicadores-chave de desempenho (KPIs) totalmente diferentes daqueles usados no negócio de impressão e embarcaram na construção do negócio online com uma mentalidade de startup, evitando qualquer conduta com a empresa-matriz. A circulação de impressos na época era de cerca de 350 mil cópias por semana.

Com o tempo, o negócio online cresceu, enquanto o negócio físico encolheu. Como disse um executivo sênior: "O orçamento para os impressos, a atenção que recebia e o número de funcionários foram reduzidos a cada dia." Até 2012, a circulação de impressos caiu para uma média de 87 mil cópias por semana, caindo para 27 mil até março de 2013. Em junho de 2013, após 36 anos, a Auto Trader imprimiu as últimas edições da revista e passou a se concentrar exclusivamente em produtos digitais. A transição da impressão para o digital levou 17 anos (1996-2013). Em todos os casos, foi uma transformação drástica e bem-sucedida. A empresa abriu capital em 2015 com um limite de mercado de cerca de dois bilhões de libras. Desde então, aumentou o valor de mercado para uma estimativa de 4,84 bilhões de libras até maio de 2020.

Considere agora o caso da Nestlé. Na mesma época em que a Auto Trader estava dando os primeiros passos em sua transformação, Peter Brabeck foi nomeado CEO da multinacional suíça. Ele permaneceu como CEO por 12 anos (1997-2008), durante os quais as vendas da Nestlé aumentaram 78%, indo para 108 bilhões de francos suíços, e o preço das ações aumentou em mais de 300%, de 122 francos suíços para o valor de 520. Talvez a maior decisão estratégica tomada por Brabeck durante seu cargo como CEO foi reposicionar a Nestlé de uma empresa de alimentos e bebidas processados para uma empresa com uma visão mais ampla de nutrição, saúde e bem-estar. A lógica por trás da mudança era bastante simples. Os consumidores estavam cada vez mais conscientes da ligação entre alimentos e saúde e muitos dos produtos Nestlé, tais como chocolates, sorvetes e alimentos congelados, continham altos níveis de açúcar. Era uma questão de tempo até que os consumidores passassem de tais alimentos para alimentos mais saudáveis. A ambição da Nestlé era usar os conhecimentos, as tecnologias e a expertise para desenvolver produtos alimentares completamente novos, que teriam ingredientes derivados de alimentos e seriam tanto nutritivos quanto bons para a saúde das pessoas.[1] Ao contrário dos medicamentos que você toma depois de adoecer, os novos produtos Nestlé lhe impediriam de adoecer. Alguns seriam vendidos em farmácias e outros em supermercados.

Para fazer a transição, a Nestlé criou uma unidade separada chamada Divisão de Nutrição, que se reportava diretamente ao CEO. A nova unidade se envolveu imediatamente em uma série de aquisições para estabelecer uma plataforma de crescimento. Por exemplo, ela adquiriu a Jenny Craig, uma franquia de centros de perda de peso dos EUA, em 2006, e a empresa de alimentos para bebês Gerber, da Novartis, em 2007. Para apoiar a transição, as divisões existentes também foram necessárias para promover o bem-estar por meio do desenvolvimento de novos produtos ou da melhoria do conteúdo nutricional dos produtos existentes. No período 2003-2006, a Nestlé ajustou as receitas para remover 34 mil toneladas de gordura trans, cinco mil toneladas de sal e 204 mil toneladas de açúcar de seus produtos.[2]

A transição para a saúde e o bem-estar continuou após o período de Brabeck como CEO, que terminou em 2008.

O novo CEO, Paul Bulcke (2008-2017), declarou a mudança como a principal atividade da empresa e fez da nutrição o foco de todos os esforços de pesquisa e desenvolvimento (P&D) da empresa. Ao final de seu mandato em 2017, o portfólio de produtos da Nestlé ostentava marcas como Betaquik, uma bebida semelhante ao leite para pessoas com epilepsia; Meritene Regeneris, uma mistura de bebidas aromatizadas para fadiga e função muscular; Alfamino, para bebês e crianças com alergias alimentares; Peptamen, para saúde digestiva; Renalcal, para lesão renal aguda; e Cerefolin, para perda de memória. Em 2019, a Divisão de Nutrição e Ciências da Saúde relatou uma receita de 15 bilhões de francos suíços.

Não há dúvida de que a mudança para se tornar uma empresa de nutrição, saúde e bem-estar representou uma mudança radical para a Nestlé, e a conquista de 15 bilhões em receitas não foi nada fácil. Entretanto, não se pode deixar de notar que o número representava apenas 16% da receita de 92,6 bilhões da Nestlé em 2019. Pense nisso: a Auto Trader foi capaz de completar a transição da impressão para o digital dentro de 17 anos, mas a Nestlé alcançou menos de um quinto da migração no mesmo período de tempo. Por quê? Obviamente, a Nestlé é enorme em comparação à Auto Trader, e todos nós sabemos como é difícil transformar um superpetroleiro. Além disso, as circunstâncias enfrentadas por cada empresa eram diferentes, portanto não é fácil fazer uma comparação direta das experiências. E a Nestlé pode legitimamente argumentar que seu objetivo não era fazer uma ruptura brusca com o negócio existente, mas complementá-lo com outro negócio focado na saúde e no bem-estar. Todas podem ser explicações válidas para a velocidade diferente com a qual as duas empresas migraram de uma posição estratégica para outra. Entretanto, os exemplos também apontam para outro fator muito importante que determina se uma migração ou transição será bem-sucedida ou não. Sendo mais específico: a própria transição e se ela é sustentável ou disruptiva para o negócio principal.

A transição é disruptiva para o negócio principal?

O que determina o grau de dificuldade na transição de uma estratégia para outra não é tanto o quão radical é a mudança — embora esse seja um fator óbvio —, mas se a mudança é disruptiva ou sustentável para o negócio existente.[3] Uma mudança é sustentável se melhora o negócio existente; é disruptiva se o mina ou o danifica. Por exemplo, em resposta à disrupção digital, o Walmart incorporou várias mudanças na forma como a empresa operava, algumas bastante radicais.[4] No entanto, a maioria das mudanças eram sustentáveis, na medida em que ajudavam na melhoria e faziam crescer o negócio existente. Sim, algumas podiam ser vistas como disruptivas, especialmente para aqueles funcionários que poderiam ter perdido o emprego como resultado da automação, mas a disrupção era pouca e controlável. A Microsoft, por sua vez, incorporou mudanças que prejudicaram os negócios existentes baseados no Windows.[5] Não apenas os recursos foram realocados longe dos produtos Windows para construir o negócio de computação em nuvem, mas o modelo do negócio existente também foi alterado para um modelo de assinatura, potencialmente canibalizando o Windows no processo. São mudanças que só podem ser entendidas como disruptivas, já que estão minando e prejudicando o negócio existente. Além disso, as mudanças estratégicas também exigiram uma mudança fundamental na cultura da empresa, nunca uma questão fácil. Em geral, quanto mais disruptiva a mudança, mais difícil é gerenciá-la e mais provável é que a transição demore muito tempo ou até mesmo falhe.

O que torna a mudança disruptiva? A própria palavra nos dá uma pista: a mudança é disruptiva se qualquer novidade que queiramos empregar prejudica (ou atrapalha) o negócio existente ou a maneira de fazer as coisas. Em outras palavras, se há conflito entre A (negócio principal) e B (novidade), portanto, ao tentarmos fazer B, prejudicamos A. Quanto mais conflitos houver, mais disruptiva será a mudança e mais difícil será a transição. Dos muitos conflitos que podem surgir, os cinco seguintes são de longe os mais graves.

O conflito da canibalização

Quando passamos de A para B, estamos abandonando as receitas e os lucros de A em busca de receitas e lucros (assim esperamos) melhores em B. O problema é que a perda de lucros em A é imediata, enquanto os lucros muito aguardados em B podem levar algum tempo para se materializar (se é que vai acontecer). Isso não só cria incentivos para que os gerentes do negócio principal A minem a transição para B, mas também expõe a empresa às pressões do mercado de ações. O preço das ações da empresa provavelmente sofrerá um golpe até que as receitas e os lucros em B se materializem e compensem o negócio perdido em A. Considere, por exemplo, o caso da Adobe, pois ela contemplou mudar o modelo de negócio de software físico para um modelo de assinatura:

> A receita da Adobe diminuiria à medida que as pessoas não mais realizassem numerosas compras antecipadas, que poderiam ser contabilizadas no mesmo trimestre, para pagamentos

> mensais distribuídos ao longo do tempo. A compressão das receitas levaria de 24 a 36 meses para funcionar à medida que os clientes mudassem aos poucos do software físico para assinaturas online. Como a Adobe é uma empresa de capital aberto, a diminuição da receita e dos lucros era ruim para o preço das ações. E, como a Adobe já estava negociando abaixo das médias históricas devido ao crescimento mais lento, uma queda significativa no preço das ações desencadearia uma oferta pública de aquisição.[6]

Obviamente, há um equilíbrio tênue que precisa ser alcançado aqui: você tenta fazer com que B cresça suficientemente rápido e, ao mesmo tempo, administra a taxa de declínio em A para que os ganhos (de B) compensem as perdas (em A). É desnecessário dizer que é um equilíbrio extremamente difícil de ser alcançado. Basta olhar para a tentativa quase fatal da Netflix de migrar do aluguel de DVDs para o streaming de filmes em 2011 para compreendermos o quão real é a ameaça.[7] O ritmo lento no qual a Nestlé migrou para a saúde e o bem-estar pode ser explicado por este fator: você não pode fechar a parte do negócio de onde vem o lucro, como chocolates, alimentos congelados e sorvetes, a menos que o novo negócio de saúde e bem-estar cresça rápido o suficiente para compensar as perdas. A boa notícia é que existem exemplos de várias empresas que tiveram sucesso, sugerindo que a tarefa pode ser difícil, mas não impossível. A Adobe é um exemplo de empresa que conseguiu atingir o equilíbrio, assim como a Auto Trader e a Netflix. Outros exemplos incluem a Schwab, com a transição para o comércio online; a Nestlé, com a criação do Nespresso às custas da Nescafé; e o banco dinamarquês Lån & Spar ao se tornar um banco digital.

O conflito da distribuição

Outro potencial campo minado que pode influenciar a transição de A para B é o conflito da distribuição. Ao mudar para B, a empresa talvez esteja minando os distribuidores que servem A. Por exemplo, ao mudar para a corretagem online, a Charles Schwab ignorou os próprios corretores que estavam acostumados a se relacionar com os consumidores finais. Da mesma forma, ao vender automóveis online, a Auto Trader ignorou os revendedores de automóveis que tradicionalmente "eram donos" do relacionamento com os clientes. Ao vender as cápsulas Nespresso por meio do Nespresso Club, a Nestlé ignorou os distribuidores tradicionais (ou seja, supermercados) dos quais dependia para vender os outros produtos. Ao mudar para um modelo de assinatura, a Adobe ignorou seu modelo de duas camadas — distribuidor-revendedor — e passou para um modelo de distribuição direta ao consumidor. Ao oferecer aos consumidores a possibilidade de fazer uma assinatura por meio de um aplicativo para acessar uma gama de veículos por uma taxa mensal fixa com o programa Passport, a Porsche está ignorando os próprios revendedores dos quais depende para vender os carros. Ao oferecer aos médicos a possibilidade de programar os marcapassos NayaMed de forma online por meio de sua central de atendimento em Lausanne, na Suíça, a Medtronic está ignorando os próprios representantes técnicos dos quais depende para vender e para sustentar os produtos premium. O recente conflito entre os estúdios de Hollywood e os trabalhadores da indústria cinematográfica ilustra muito bem o que está em jogo.[8] Em resposta à crise da covid-19, que fechou salas de cinema durante meses em 2020, os estúdios começaram a lançar os filmes diretamente aos consumidores por meio de plataformas digitais, como a TV por assinatura e o streaming. O sucesso do "experimento" forçado incentivou a Universal Studios a anunciar, em abril de 2020, que começaria a lançar filmes digitalmente ao mesmo tempo em que os lançava nas salas de cinema, quebrando uma das normas estabelecidas pela indústria de dar aos cinemas três meses de exibição antecipada. Isso provocou uma imediata e furiosa resposta das maiores empresas cinematográficas do mundo, a AMC e a Cineworld. Eles publicaram uma proibição mundial de exibição de todos os filmes da Universal e acusaram o estúdio de destruir o modelo de negócio que vinha sustentando muito bem a indústria por mais de um século.

Há inúmeros exemplos como esses em que os distribuidores do negócio existente podem ser prejudicados quando uma empresa tenta fazer B. É claro que, se o objetivo é migrar de A para B, podemos sofrer a tentação de pensar que o conflito não importa. Afinal, se meu objetivo é fechar A em algum momento, por que me importar se os distribuidores em A ficarem chateados? Entretanto, seria uma má suposição. A razão do conflito é importante porque os distribuidores podem não ser importantes *após* a migração, mas são muito importantes *durante* o processo. Chatear os distribuidores durante o processo de migração influenciará a obtenção do bom equilíbrio que discutimos anteriormente entre o crescimento de B em relação ao declínio de A. Por um lado, os distribuidores prejudicarão o desempenho de A, acelerando seu declínio. Por outro lado, a má publicidade ou problemas em A podem se espalhar para B, retardando seu crescimento.

O conflito de marcas

Outra questão em potencial é o conflito de marca pelo qual a reputação ou a imagem da marca de A pode sofrer se a empresa tentar fazer B. Uma das principais razões que impediram a Harley-Davidson de entrar rapidamente no mercado de motos de 70cc — um mercado que impulsionou a Honda à liderança da indústria — foi o medo de prejudicar a marca Harley. Da mesma forma, ao criar a Continental Lite para competir contra a Southwest, a Continental estava pondo em risco a marca Continental se as coisas dessem errado para a subsidiária de baixo custo. Se o objetivo não é migrar de A para B, mas operar tanto A como B simultaneamente, tópico abordado no Capítulo 8, então dar ao novo negócio um nome diferente pode ajudar. Mas mesmo essa estratégia pode não eliminar o risco de diluir a marca porque os clientes não serão enganados apenas por uma mudança de nome.

Dois conflitos adicionais

Outro conflito que pode surgir no processo de migração é o conflito de incentivos. Os gerentes de A podem se sentir injustamente tratados, pois, após anos de serviço à empresa, estão presos na parte em declínio do negócio enquanto pessoas recém-contratadas recebem todos os benefícios e a glória do crescimento de B. Outro possível conflito é o conflito cultural pelo qual os gerentes de A são obrigados a aprender a operar nos termos de B se quiserem sobreviver dentro de A. Por exemplo, mudar para um modelo de assinatura significou que os funcionários da Microsoft precisavam mudar a forma como faziam negócios, incluindo como vendiam o produto, como desenvolviam novos produtos e como contabilizavam as receitas. Ou seja, tinham que mudar para um novo método de operação, sustentando ao mesmo tempo as formas antigas. O que é extremamente difícil e exige que as pessoas se tornem ambidestras. Não só pode levar a erros, mas também pode instigar a resistência de pessoas que estão acostumadas a certa maneira de operar.

Há mais conflitos possíveis que poderíamos enumerar aqui, mas o ponto a compreender é a razão pela qual os conflitos são importantes para a transição de A para B. Como já indicado, precisamos atrair novos clientes e gerar receitas em B a uma taxa suficientemente alta para compensar a perda de clientes em A. Os conflitos podem influenciar ambos os itens nesta equação: por um lado, podem acelerar a perda de clientes e o declínio de A; por outro lado, podem retardar o ritmo no qual atraímos novos clientes e assim retardar o crescimento de B. Ambos os resultados colocarão em risco o sucesso da transição de A para B. Portanto, é preciso encontrar uma maneira de administrar os conflitos *durante* o processo de migração.

Como gerenciar conflitos

O conselho mais frequente dado às empresas sobre como migrar de uma posição estratégica para outra, especialmente quando os conflitos entre A e B são grandes, é criar uma unidade separada como um veículo de migração. É a "solução do inovador", principalmente associada ao trabalho de Clay Christensen sobre inovação disruptiva, embora outros acadêmicos também a tenham defendido.[9] Discutimos isso no Capítulo 8 em um contexto diferente. A questão ali era como competir em A e B ao mesmo tempo, e a unidade separada foi proposta como uma forma de proteger B dos gerentes de A. A questão que temos aqui é um pouco diferente, especificamente como migrar de A para B usando uma unidade separada como veículo para a transição. É óbvio que você gerenciará A e B ao mesmo tempo durante o processo de migração, portanto as questões discutidas no Capítulo 8 — como decidir quais atividades separar e quais manter, ou decidir se deve ou não dar à unidade um nome separado —

ainda são relevantes aqui. Entretanto, o fato de que o objetivo agora é a transição completa de A para B levanta algumas questões adicionais, específicas à situação. Há quatro questões em particular que merecem nossa atenção.

Alocar recursos entre A e B tendo a migração em mente

Em primeiro lugar, a unidade separada é um veículo de migração e deve ser tratada como tal. Isso significa que os recursos da empresa devem ser investidos ao longo do tempo entre A e B, tendo em mente a migração. Quando você começar, a maioria dos recursos provavelmente será investida em A, mas, com o tempo, os recursos devem ser lentamente realocados para B. A cada ano, uma porção maior dos recursos deve ser investida em B e uma porção menor em A. Lembre-se de como a Auto Trader descreveu o que estava acontecendo durante a transição da impressão para o digital: "O orçamento dos impressos, a atenção recebida e o número de funcionários foram reduzidos a cada dia." O plano é aumentar o tamanho e a importância de B com o tempo e, simultaneamente, diminuir o tamanho e a importância de A. Se você administrar bem a realocação de recursos e investimentos, chegará o momento em que B se tornará a parte dominante do portfólio. Nesse momento, você pode se dar ao luxo de encerrar A por completo e se concentrar exclusivamente em B, coisa que a Auto Trader fez após um processo de migração de 17 anos.

Esse é também o processo seguido pelo banco dinamarquês Lån & Spar, mas por um período de tempo muito mais curto. Quando o CEO, Peter Schou, desenvolveu o conceito de banco direto (telefone e depois online) no início dos anos 1990, ele criou um banco direto separado ao lado da rede de agências e manteve os dois conceitos separados por três anos antes de fundi-los. Seu raciocínio foi o seguinte: "Era uma situação difícil a de ter dois conceitos ao mesmo tempo. Não podíamos nos dar ao luxo de fundir os dois desde o início porque teríamos sofrido um enorme prejuízo de canibalização. Nossa margem de juros na agência era de 10% ao ano, enquanto no banco direto era de apenas 3% ao ano. Se tivéssemos permitido que todos os nossos clientes mudassem do banco tradicional para o direto da noite para o dia, teríamos perdido muito dinheiro. Tivemos que administrar a transição com cuidado."

Prepare B para assumir o controle

A segunda questão é o fato de que a unidade separada é uma solução temporária e não uma característica permanente do portfólio da empresa. Lembre-se: ela foi criada para ajudar a empresa a migrar e deixará de existir uma vez que a migração tenha ocorrido. Ou seja, em algum momento no futuro, a unidade separada substituirá A e representará a nova posição estratégica da empresa. Isso implica que, embora crescendo como unidade separada, devemos também prepará-la para assumir seu novo papel e sua nova posição no portfólio. Há várias táticas que podem ser usadas para conseguir isso. Por exemplo, a Charles Schwab tinha originalmente criado o negócio de corretagem online chamado e.Schwab como uma unidade separada, mas o preparou para "assumir", fazendo-o se reportar diretamente ao co-CEO, David Pottruck, e colocando os gerentes seniores da empresa varejista existente para trabalharem nele. Além disso, a plataforma tecnológica da e.Schwab foi projetada para se integrar aos sistemas de TI da Schwab, e as políticas de produtos e de preços da nova unidade foram projetadas para serem compatíveis com as políticas da matriz. Da mesma forma, o Lån & Spar separou o banco direto do resto da empresa, mas garantiu que a infraestrutura de TI que o atendia fosse compatível com os sistemas de TI do banco estabelecido. Além disso, o banco garantiu que os funcionários desenvolvessem valores e cultura comuns incentivando eventos corriqueiros em toda a empresa. Os gerentes do banco principal foram transferidos para o banco direto e as decisões sobre como fundir os dois conceitos foram tomadas em reuniões com a participação de gerentes de ambas as unidades.

Gerencie os conflitos entre A e B

A terceira questão a considerar é que os conflitos entre A e B não desaparecem como resultado da criação de uma unidade separada. Sim, a separação ajuda a proteger a unidade dos conflitos, mas ela não os elimina. Eles ainda estão lá, e ainda têm que ser gerenciados para que a transição de A para B ocorra sem problemas. Mais uma vez, várias táticas podem ser usadas para conseguir isso. A Charles Schwab dividiu o portfólio de produtos de acordo com a complexidade. Produtos complexos que exigiam interação cara a cara com os clientes ficaram a cargo dos corretores para vendê-los, enquanto produtos mais simples, baseados em transações, foram movidos para a plataforma online. A empresa até treinou os corretores para fazerem um trabalho melhor na venda e manutenção dos produtos com margens mais altas. A Auto Trader ajudou a superar a resistência dos revendedores de automóveis ao criar propostas de venda em seu site que funcionavam bem tanto para os consumidores quanto para os revendedores. Por exemplo, introduziu um software que permitia aos revendedores atender melhor seus clientes. A NayaMed tentou minimizar a resistência dos representantes técnicos da Medtronic concentrando seus esforços de vendas em áreas geográficas rurais e hospitais pequenos que os representantes técnicos ignoravam ou simplesmente não conseguiam atender. A Office Depot mudou o sistema de incentivo — desde que o cliente fosse da mesma região geográfica da loja — para que os gerentes de lojas fossem recompensados, mesmo que o cliente comprasse produtos online e não na loja.

Quando se trata de conflito de marcas, muitas empresas adotam a estratégia de dar à unidade separada um nome diferente, em um esforço para reduzir o risco de diluição da marca. No setor da aviação, a KLM chamou sua subsidiária de baixo custo de Buzz; a British Airways chamou sua versão de GO; e a Delta chamou sua oferta de Song. No setor bancário, o Santander chamou sua unidade digital de Cahoot; o RBS, de Bo; e o BNP Paribas, de Hello bank! Não é garantia de sucesso, no entanto, como demonstra a experiência da Netflix. Como parte de sua transição do aluguel de DVDs para o streaming de filmes, a Netflix anunciou em 2011 que os dois lados do negócio seriam separados, e o serviço de aluguel de DVDs seria chamado de Quikster. A mudança teve um efeito contrário nos consumidores e a Netflix, mais do que depressa, eliminou a nova marca e colocou as duas ofertas sob a mesma marca Netflix.

Separe, mas não isole

A quarta questão a considerar é o fato de que, apesar de mantê-la separada, a unidade não deve ser isolada da matriz.[10] O conhecimento e os recursos devem ser transferidos de A para B a fim de acelerar o processo de crescimento de B e, assim, acelerar a própria transição. Isso não acontecerá por acaso. Devem ser criados mecanismos e processos de integração para facilitar a transferência de conhecimento de A para B e permitir uma melhor exploração das sinergias entre A e B. Um dos mecanismos é empregar um gerente geral para ambas as empresas que possa proporcionar uma abordagem holística.[11] Outra ideia é nomear um mediador ativo e confiável para facilitar a cooperação entre os dois.[12] Outro caminho é desenvolver incentivos que motivem a cooperação entre os dois.[13] Transferir pessoas de A para B também é uma boa maneira de transferir conhecimento e facilitar a cooperação entre os dois. A unidade separada deve ser autorizada a tomar emprestados recursos e capacidades — tais como nomes de marcas, dados de clientes e experiência em gerenciamento — do negócio principal para obter uma vantagem competitiva sobre as empresas iniciantes independentes.[14] Compartilhar as atividades da cadeia de valor com a matriz também poderia ajudar a unidade a crescer mais rapidamente. Poderiam ser atividades administrativas em vez daquelas voltadas para o cliente, a fim de alcançar eficiência sem colocar em risco a capacidade da unidade de diferenciar ou de atender aos próprios clientes.

Os quatro desafios aqui descritos e como a empresa os gerencia influenciarão em grande parte o tempo que a migração de A para B levará e o sucesso que terá. É fácil cometer erros ao longo do caminho, e a experiência da Auto Trader destaca bem esse ponto. Quando a unidade separada, Autotrader Online, foi criada em 1996, foi-lhe dada total autonomia em relação à matriz para que fizesse o negócio digital crescer. As potenciais sinergias entre o impresso e o digital não foram consideradas, e o líder da unidade, que era um estranho, não permitiu que ninguém dos impressos se aproximasse. A unidade adotou uma mentalidade de startup e deixou claro que não queria nenhuma contribuição ou cooperação dos impressos. Não demorou muito para que a revista física começasse a tratar a unidade como "o inimigo", surgindo comportamentos disfuncionais. Como comentou um executivo sênior: "Fizemos a transição de nossas receitas online, mas não de nossa cultura e nossos valores." Ao mesmo tempo, os alvos e KPIs da unidade instigavam comportamentos agressivos, muitos às custas dos revendedores de automóveis. Por exemplo, a unidade promoveria produtos e recursos — como avaliações dos revendedores no site — de que os consumidores gostavam, mas os revendedores odiavam. Outro exemplo do antagonismo com os revendedores surgiu durante a recessão de 2008-2009. Foi um período de dificuldades econômicas para os revendedores de automóveis, mas, apesar das difíceis condições econômicas, a Auto Trader procedeu a implementar um aumento de preço de 30%, infligindo mais sofrimento aos revendedores. A relação ficou tão ruim que eles se organizaram em um lobby para boicotar a publicidade no site da empresa. Pior ainda, as dez maiores concessionárias do Reino Unido se reuniram e criaram o próprio site para competir diretamente com a Auto Trader.

Algo precisava mudar, e isso aconteceu com a nomeação de Trevor Mather como o novo CEO em 2013. Ele imediatamente mudou o foco e a atenção da empresa, afastando-se dos resultados financeiros para um novo propósito: liderar o futuro digital do setor automotivo do Reino Unido e ser um líder de confiança na área. Em vez de utilizar o plano de cinco anos para desmontar de vez a revista impressa, ele estabeleceu como novo objetivo atender às necessidades e exigências em constante mudança dos clientes por meio de produtos que eram um ganha-ganha tanto para a empresa quanto para os revendedores. Em vez de procurar briga com estes, ele se propôs a trabalhar em conjunto e a desenvolver produtos que os ajudassem a precificar melhor seus produtos para o consumidor final. Ele também embarcou em um programa interno de transformação cultural, tentando criar uma equipe que colocasse valores como humildade e coragem em primeiro lugar. Mudou simbolicamente o nome de equipe executiva para equipe de liderança e reduziu seu tamanho de 16 para oito pessoas. Antes mesmo de tentar desenvolver uma nova estratégia, Trevor passou os primeiros meses na empresa fortalecendo a equipe de liderança, melhorando a confiança entre os membros e trabalhando com eles para desenvolver os novos propósitos e valores da empresa. Uma vez criada uma equipe de liderança forte e confiante, eles começaram a desenvolver a nova estratégia da empresa. Também empreenderam um grande programa de transformação cultural cujo objetivo era se "fundir" com uma das duas culturas que haviam sido criadas e ajudar a empresa na transição online tanto em receitas quanto em cultura. A obsessão da excelente equipe com o "bom crescimento" e o foco contínuo em propósitos e valores para orientar o comportamento do pessoal ajudou a Auto Trader a transitar com sucesso para o marketplace online número um do Reino Unido para compradores de automóveis.

Outros desafios durante a transição

Gerenciar os conflitos entre a forma existente de fazer negócios e a nova forma não é o único desafio enfrentado por uma empresa que tenta mudar de estratégia. Neste capítulo, focamos nesse desafio específico porque muitos outros já foram discutidos por outros escritores de gestão e devem ser bem conhecidos dos líderes. No entanto, talvez valha a pena dizer algumas palavras sobre eles aqui.

Uma das tarefas mais desafiadoras para um líder que está prestes a embarcar em uma grande mudança estratégica é convencer o resto da empresa de que a mudança de A para B é uma mudança estratégica que vale a pena. Os funcionários precisam aceitar a mudança não apenas em um nível racional, mas também em um nível emocional. Para que isso aconteça, os líderes terão que "vender" a nova estratégia para a equipe. No Capítulo 6 (Figura 6.1), descrevemos como vender algo às pessoas para ganhar o compromisso emocional delas. Essa mesma estrutura pode ser usada aqui para pensar em como vender a nova estratégia. O sucesso em vendê-la dependerá não apenas de como tentamos fazê-lo, mas de quatro fatores adicionais, descritos no Capítulo 3 (Figura 3.4); é preciso considerar todos para aumentar a probabilidade de sucesso. Além dos funcionários, outras partes externas interessadas, como acionistas, terão que ser convencidas a apoiar a mudança de estratégia. Ter um plano claro que especifique como a nova estratégia se desenvolverá ao longo do tempo e quais marcos-chave (tais como vendas ou lucros) serão alcançados ao longo do caminho é uma tática para convencer os acionistas céticos. Outra tática ainda mais persuasiva são os dados de experimentação. Não há nada mais persuasivo para funcionários e acionistas do que dados que embasem os elementos-chave da nova estratégia, portanto experimentos inteligentes devem ser projetados para fornecer os dados necessários. Descrevemos no Capítulo 9 como realizar experimentos inteligentes e de baixo custo.

Outro desafio a ser superado é como mudar o ambiente organizacional da empresa para apoiar a nova estratégia. Como descrevemos no Capítulo 4, o ambiente organizacional é composto por quatro elementos: a cultura e os valores da empresa, os parâmetros e os incentivos, as estruturas e os processos, e a equipe. Os quatro elementos se combinam para determinar como as pessoas se comportam na empresa, o que, por sua vez, determina se a estratégia será bem-recebida ou prejudicada pelos comportamentos diários dos funcionários. Cada estratégia precisa do próprio ambiente organizacional acolhedor. Isso significa que, se quisermos mudar da estratégia A para a estratégia B, precisamos simultaneamente mudar o ambiente organizacional que apoiava

A para um que apoiará B. Assim, precisaremos recrutar novas pessoas que possuam as habilidades e o mindset apropriados para a nova estratégia ou treinar o pessoal existente para desenvolvê-los. Também teremos que mudar os sistemas de parâmetros e incentivos, bem como as estruturas e os processos para apoiar a nova estratégia. Finalmente, teremos que mudar a cultura e os valores da empresa para aqueles adequados à nova estratégia. Não é algo fácil de se colocar em prática, o que pode explicar por que a mudança estratégica leva tanto tempo ou por que é tão frequentemente associada ao fracasso.

Enfim, há a questão de avaliar se a nova estratégia está funcionando de acordo com as expectativas e, caso não, se precisa ser alterada ou deixada de lado completamente. É claro que os resultados financeiros da nova estratégia em relação ao que foi pensado no início da transição podem ser um bom indicador de que estamos no caminho certo, como planejado. Mas, em geral, é melhor complementar os indicadores de saúde financeira (tais como receitas e lucros relativos ao plano) com alguns poucos indicadores da saúde estratégica da empresa, tais como satisfação do cliente, moral dos funcionários, novos produtos em desenvolvimento e qualidade da administração. A empresa precisa desenvolver indicadores de saúde estratégica apropriados para seu contexto e usar os sistemas de informação para coletar os dados necessários a fim de medir os indicadores com regularidade. Desde que os indicadores de saúde estratégica sejam bons, a empresa pode persistir na migração, mesmo que os resultados financeiros não estejam de acordo com o planejado. Em última instância, a decisão exigirá que os líderes usem o bom senso, tópico discutido no próximo capítulo.

11

Colocando tudo junto

No primeiro capítulo, destaquei os tipos de perguntas que este livro responde ao leitor. Talvez valha a pena terminá-lo listando novamente as perguntas e dando uma resposta concisa para cada uma delas.

- A primeira questão colocada no Capítulo 2 foi: "Como você deve expor a disrupção à equipe? Como uma ameaça ou como uma oportunidade?" A resposta foi "tanto como uma ameaça quanto como uma oportunidade". Explicamos por que isso é tão importante e depois levantamos a pergunta complementar: "Como convencer as pessoas de que algo é uma oportunidade quando tudo o que elas veem ao redor são as ameaças associadas à disrupção?" A resposta foi que é preciso ir além de lhes dizer que é o caso para *lhes vender* a ideia de que a disrupção é, de fato, uma oportunidade. Isso requer não só palavras, mas também ações concretas que demonstrem que você está falando sério quando diz que a disrupção é uma oportunidade. Usamos o exemplo do KBC Bank para ilustrar o ponto.
- No Capítulo 3, nós nos perguntamos: "Como criar um senso *permanente* de urgência ou um *constante* mal-estar com o status quo, por mais bem-sucedido que este seja?" A resposta: assustar e desesperar as pessoas não vai adian-

tar nada. A necessidade de mudança precisa ser vista como algo pessoal e emocional. Para fazer isso, você terá que dar à equipe algo positivo a que almejar e depois vendê-lo a ela para ganhar o compromisso emocional. Descrevemos algumas táticas para ganhar o compromisso emocional e descrevemos os fatores que afetarão a eficácia de venda.

- O Capítulo 4 explorou a questão: "Como tornar a empresa ágil o suficiente para identificar e responder a qualquer disrupção que lhe atinja?" Respondemos que a agilidade não é algo que possamos pedir ou exigir das pessoas. É, ao contrário, um subproduto de algo mais específico, os comportamentos do dia a dia associados à agilidade com que cada funcionário se envolve. Descrevemos quais são os comportamentos, mas depois levantamos a questão do acompanhamento: "Como garantir que os funcionários se comportem assim no dia a dia?" É o ambiente organizacional que determina como as pessoas se comportam, então precisamos criar um que apoie e promova tais comportamentos.
- No Capítulo 5, fizemos a pergunta: "Como criar um ambiente organizacional acolhedor?" Respondemos que a maioria das empresas tenta fazer isso de forma centralizada, hierárquica, então argumentamos a favor de uma abordagem diferente: gerentes e líderes de equipe espalhados por toda a empresa podem alcançar grandes mudanças em seus ambientes organizacionais locais por meio de algumas pequenas ações direcionadas. Feitas dentro dos parâmetros prescritos pela diretoria, as ações *descentralizadas* podem iniciar milhares de pequenos incêndios, os quais, por sua vez, talvez se alastrem e transformem o ambiente organizacional de toda a empresa. Descrevemos algumas "pequenas ações" que podem levar a grandes mudanças.

- O Capítulo 6 afirmou que a abordagem descentralizada proposta para mudar o ambiente organizacional não pode ser bem-sucedida a menos que parâmetros claros sejam colocados em prática para orientar os gerentes e os líderes de equipe na decisão do que podem e do que não podem fazer sem a aprovação da diretoria. Portanto, fizemos a pergunta: "Quais são os parâmetros dentro dos quais permitimos que a equipe aja com autonomia?" A resposta foi que existem dois parâmetros: a estratégia claramente comunicada da empresa e seus valores e objetivos. Argumentamos ainda que, embora não haja nada de surpreendente na resposta, a evidência é que as organizações estragam a implementação de ambos, de forma consistente e previsível. Explicamos o porquê e o que fazer a respeito.
- No Capítulo 7, levantamos a pergunta: "Qual estratégia específica a empresa deve adotar em resposta à disrupção?" Nossa resposta foi que depende da disrupção específica à qual estamos respondendo. Entretanto, qualquer que seja, uma estratégia eficaz de resposta deve evitar a imitação daquilo que outros fizeram em resposta à disrupção e, em vez disso, deve ajudar a empresa a se diferenciar o máximo possível. Tentar simplesmente ser melhor do que os próprios disruptores ou rivais do setor que respondem à mesma disrupção não é suficiente. Nesse sentido, a empresa não está procurando uma estratégia de resposta, e sim uma estratégia que lhe permita se reposicionar e se diferenciar, aproveitando-se da disrupção.
- O Capítulo 8 explorou a questão: "Como uma empresa pode desenvolver uma estratégia de resposta inovadora de verdade?" Explicamos que a forma como você aborda a tarefa é tão importante quanto qual estratégia é adotada. Propusemos especificamente que as empresas

precisam pensar como empreendedoras, a fim de evitar a miopia de seu negócio principal. Ao desenvolver uma estratégia de resposta, propusemos uma abordagem estruturada para desenvolver ideias, uma que requer que a empresa identifique maneiras de fazer quatro coisas: explorar as fraquezas dos disruptores; tomar boas ideias emprestadas dos disruptores, sem imitá-las; eliminar coisas tornadas desnecessárias pela disrupção; e inovar em como e onde competir. Argumentamos, ainda, que a criatividade é reforçada se o princípio da variedade for institucionalizado no processo estratégico da empresa e descrevemos como fazer isso.

- No Capítulo 9, nós nos perguntamos: "Como saber se a estratégia de resposta é boa e como convencer o resto da empresa a lhe seguir na implementação?" A resposta é que a experimentação pode ser uma maneira eficaz de testar uma nova estratégia e coletar dados que ajudarão a convencer os outros a aceitá-la. No entanto, também apontamos que nem todos os experimentos são bons. Como você se certifica de projetar e de realizar um "bom" experimento, ainda mais quando se trata de lidar com uma nova estratégia? Descrevemos como é a experimentação inteligente e discutimos como criar uma cultura de experimentação na empresa.
- Finalmente, o Capítulo 10 explorou a questão: "Como fazer a transição da estratégia A existente para a nova estratégia de resposta B?" Explicamos que qualquer mudança de A para B é difícil, mas algumas são mais difíceis do que outras. O que determina o grau de dificuldade não é tanto o quão radical é a mudança — embora seja um fator óbvio —, mas se a mudança é disruptiva ou sustentável para o negócio existente. Explicamos o que torna a mudança disruptiva e oferecemos algumas ideias

de como superar os problemas e conflitos criados quando a mudança para B é disruptiva para A.

Como destaquei no início do livro, espero que os executivos seniores não achem as ideias surpreendentes, e não deve haver nada aqui que não reconheçam de imediato. No entanto, saber o que fazer não é a mesma coisa que fazê-lo ou fazê-lo corretamente. Como implementar as ideias é a diferença entre o sucesso e o fracasso. Como resultado, minha ênfase tem sido em oferecer ideias práticas e baseadas em pesquisa sobre como colocar em ação algumas coisas que você provavelmente já sabe. Em vez de desenvolver uma nova receita para o sucesso, o livro se concentra no "como fazer". Pode ser útil, portanto, terminar com um exemplo de uma empresa que utilizou algumas dessas ideias para se preparar para um mundo de contínua disrupção. É o KBC Bank da Bélgica. Ao analisar o exemplo, perguntem-se: "Como esse banco *implementou* (algumas das) ideias propostas neste livro para se preparar para um mundo de disrupção contínua?"

A experiência do KBC Bank

Em 2016, o KBC Bank, da Bélgica, anunciou uma nova e abrangente iniciativa de transformação digital para todo o grupo. Nomeando a transformação de "Digital First", o CEO do grupo, Johan Thijs, descreveu-a como a tentativa do banco de não apenas olhar para o futuro e se preparar para ele, mas também moldar esse futuro, desenvolvendo novas e revolucionárias maneiras para os clientes fazerem as operações bancárias. A visão era usar tecnologias digitais, bem como *big data* e análises, para oferecer aos clientes produtos e soluções em que nem sequer haviam pensado e entregá-los aos consumidores de uma maneira fácil, amigável e digital. Nas próprias palavras de Thijs: "Eu quero saber em que você, como cliente, está pensando e como gasta seu tempo e seu dinheiro. Com base nisso, quero conseguir desenvolver soluções para seus problemas diários e oferecê-las a você antes mesmo de saber que precisava delas. É isso que o Google está fazendo, então precisamos ser tão bons quanto eles ao fazer isso. Como nossos clientes não sonham com o banco, precisamos ser lembrados por eles e ser sua opção-padrão. Mas também temos que ir além. Sempre digo ao meu pessoal: estejam atentos, vocês vendem confiança. É a única coisa que não se pode digitalizar. É nossa oportunidade de ir além do que até mesmo o Google pode oferecer ao cliente."

A iniciativa de transformação foi notável não apenas por sua ambição, mas também por seu timing. Ela foi anunciada quando o banco desfrutava de um período de excelente desempenho, após uma experiência quase fatal na crise financeira de 2008. Foi assim que uma revista financeira descreveu a decisão: "Para um gigante bancário como o KBC — que consistentemente lança lucros que estão entre os *mais* fortes do mercado europeu e que é sempre altamente líquido e bem capitalizado — embarcar em tal jornada pode não ter sido a decisão mais óbvia ou urgente, especialmente dada a clara posição de liderança que tinha alcançado com o modelo de negócio predominante. É como diz o ditado 'Em time que está ganhando não se mexe'; além disso, tentar convencer os 42 mil funcionários do grupo de que o modelo de negócio vencedor deve ser significativamente aprimorado pode não ter sido a mais fácil das tarefas."[1]

Três anos mais tarde, a transformação foi classificada como um sucesso estrondoso. Por exemplo, uma avaliação externa em 2018 pela D-Rating, uma agência independente que avalia o desempenho digital, classificou o KBC como o banco tradicional com melhor desempenho na Bélgica, com base em uma série de indicadores que mediam a digitalização das ofertas dos bancos, a eficiência dos canais de contato e o desempenho das jornadas dos clientes. Johan Thijs não tinha dúvidas de qual era a razão para o sucesso. Ele deu ao seu pessoal o crédito por antecipar, de maneira proativa, as mudanças de comportamento dos clientes e depois assumir a responsabilidade pessoal de desenvolver soluções rapidamente e sem muita burocracia. Ele disse: "O sinônimo de capacidade de resposta é antecipar de modo proativo... a solução para as necessidades do cliente. Portanto, você tem que antecipar o comportamento de mudança dos clientes... [e então] você tem permissão para antecipar e nos ajudar a entender o que temos que fazer. Assim, você tem o poder de fornecer a solução, algo que acontece pra valer em nosso grupo."[2] São comportamentos impressionantes dos funcionários do KBC Bank, mas como Thijs e sua equipe administrativa conseguiram fazê-los se comportar de forma tão admirável? Para responder à pergunta, temos que voltar a 2012, ano em que Thijs foi nomeado CEO do grupo. A primeira ação estratégica que tomou em seu novo cargo foi embarcar em uma grande transformação da cultura do banco. O programa de mudança de cultura do grupo foi chamado de PEARL: *Performance, Empowerment, Accountability, Responsiveness* e *Local embeddedness* [Desempenho, Empoderamento, Responsabilidade, Agilidade e Integração local].

Thijs tinha sido membro do KBC Bank durante a maior parte de sua carreira. Ele era do ramo de seguros e se destacou até se tornar diretor-administrativo da filial belga em 2009 antes de se tornar CEO do grupo em 2012. Ele havia visto a evolução e o crescimento do banco ao longo dos anos e se convenceu de que o KBC Bank havia perdido o espírito empreendedor sobre o qual construíra o sucesso original. Os processos se tornaram excessivamente complexos e os projetos eram, muitas vezes, atrasados por indecisão ou inércia. Os funcionários se comportavam de forma avessa ao risco e eram rápidos em não assumir a responsabilidade pessoal pelos problemas, transferindo a culpa pelos erros para forças externas. A tomada de decisões em todo o banco era disfuncional na medida em que as decisões eram frequentemente tomadas em corredores e não em equipes. Isso também ocorria no comitê executivo do grupo (ExCo), que se caracterizava pelo extremo conservadorismo, bem como pelas tomadas secretas de decisão. Um executivo sênior na época descreveu a situação como inacreditavelmente frustrante: "Havia silos dirigidos por poderosos diretores-executivos, a governança corporativa não era muito forte, e havia falta de responsabilidade no comitê executivo. A mentalidade era: 'Não vou brigar com você, se você não brigar comigo.' As reuniões do comitê executivo eram muito curtas e as coisas aconteciam sem que as pessoas soubessem."

Além disso, os incentivos desalinhados encorajavam comportamentos que prejudicavam a estratégia e o desempenho do banco. Por exemplo, as primeiras investigações de Thijs revelaram uma alarmante falta de responsabilidade por parte de seus gerentes, tornada possível pela total falta de conscientização da rentabilidade de cada produto vendido pelo banco. Ao vasculhar mais fundo, ele descobriu: "Nosso pessoal de vendas e de distribuição estava sendo avaliado e incentivado de acordo com as vendas e não com os lucros. Como resultado, o objetivo deles era a participação no mercado e não a lucratividade. Se vendiam algo que não dava dinheiro ao banco, o problema não era deles. Além disso, como não eram responsáveis pelos produtos que vendiam, se as coisas dessem errado, não tinham controle sobre a situação." Além de tudo, havia uma forte desconexão e uma falta de compromisso entre os funcionários e a gerência. Era óbvio que os funcionários tinham perdido toda a confiança na administração, estavam desmotivados e descontentes e culpavam a diretoria por todos os problemas que o grupo estava enfrentando.

Thijs estava determinado a mudar o cenário e fez disso sua primeira prioridade como novo CEO: desenvolver uma cultura que encorajasse comportamentos empreendedores e um novo mindset em todo o grupo. Ele criou o conceito PEARL, que enfatizava o desempenho e a capacidade de resposta como resultados que surgiriam do empoderamento, da responsabilidade e da integração local. Embora o PEARL fosse originário do ExCo, Thijs queria que os funcionários o implementassem a partir de dentro, sem qualquer ajuda de consultores. Sua ambição era que eles mergulhassem em seu ambiente local, entendessem as necessidades de seus clientes locais e lhes respondessem diretamente, sem se voltarem ao centro corporativo. Poderiam fazer tudo isso desde que operassem dentro dos parâmetros da estrutura PEARL, o que significava que os parâmetros tinham que ser claramente comunicados a toda a empresa. Com efeito, o ExCo decidiu sobre as prioridades estratégicas do grupo e então todas as decisões táticas foram tomadas por um comitê de desenvolvimento de negócios (por empresa/segmento), liderado por um membro do comitê executivo. As decisões operacionais seriam tomadas ainda mais abaixo na organização. A descentralização foi o principal pilar da apresentação da candidatura do CEO Thijs, e ele a creditou como parte da razão pela qual foi escolhido para a função, enquanto todos os outros candidatos ofereciam soluções centralizadas. Thijs acreditava firmemente que, como as empresas locais entendiam melhor as necessidades dos clientes locais, elas deveriam ter autonomia para tomar decisões, o que levaria a um atendimento mais rápido e melhor.

A descentralização e o empoderamento estavam no cerne da nova cultura, assim como a ênfase na tomada rápida de decisões. Por exemplo, os funcionários foram encorajados a evitar reuniões e, em vez disso, a usar as informações disponíveis para discussão e comentários na intranet. Em determinada data, a menos que houvesse uma objeção fundamental, considerou-se que havia um acordo geral sobre as questões levantadas, as quais foram então postas em prática. Os documentos compilados para discussão nas reuniões do ExCo também estavam sob minuciosa avaliação para serem compatíveis com o PEARL. Isso resultou em documentos mais curtos e focados que apresentavam fatos e análises de forma clara e concisa, em vez de páginas de verborragia que levariam horas para serem lidas. Além disso, a nova cultura promoveu a criação de equipes ágeis, compostas de pessoas que tomavam decisões com confiança e colocavam em prática iniciativas que eram necessárias para garantir que as necessidades dos clientes fossem atendidas. As pessoas eram responsabilizadas por suas decisões. Thijs não se importava se cometessem erros, desde que se responsabilizassem por suas decisões e aprendessem com os erros.

Ao mesmo tempo em que lançou o PEARL, Thijs anunciou um novo sistema de gerenciamento de desempenho chamado Performance Diamond [Desempenho Diamante]. Os quatro segmentos do diamante eram capital, liquidez, lucratividade e pessoas. Foram estabelecidas metas para as quatro dimensões para cada país e cada entidade empresarial em cada país. A administração local poderia agir da maneira que quisesse a fim de atingir as metas estabelecidas para cada uma das quatro dimensões, mas as ações deveriam estar dentro dos limites especificados decididos pelo ExCo. Esse era um elemento central de empoderamento. Se a gerência não estivesse atuando dentro dos parâmetros, então era solicitada a explicar o que estava acontecendo. Thijs explicou: "Antes de eu assumir o controle, tudo era centralizado. Por exemplo, o grupo dizia: 'Você tem que usar este sistema TIC [Tecnologia da Informação e Comunicação].' Em alguns países menores, eles não precisavam de algo tão complexo, mas não tinham escolha. No fim de cada ano, recebiam uma cobrança do grupo pelo custo dos serviços que eram prestados, como as TICs. Muitas vezes, a decisão que lhes era imposta resultava na completa destruição da relação custo-benefício. Coisas assim eliminavam completamente qualquer sentimento de responsabilidade dos gerentes locais. É por isso que mudamos tudo e devolvemos o poder. Com o poder devolvido, surgiu um sentimento de responsabilidade pessoal. A resposta local foi fundamental, e agora os gerentes de negócios começaram a se sentir responsáveis pelo que estavam fazendo. A central não tem mais que interferir."

O PEARL e o Performance Diamond foram rapidamente implantados em toda a empresa e logo desenvolveram ilhas de energia e melhores práticas por toda a organização. Para ajudar os gerentes que não estavam acostumados a operar dessa forma autônoma, foram oferecidos coaching, ferramentas e treinamento. A nova cultura tomou forma bem depressa e os resultados financeiros logo apareceram. O KBC Bank foi capaz de pagar cinco anos antes do previsto todos os resgates financeiros que havia recebido dos governos belga e flamengo durante a crise financeira de 2008, e o preço das ações triplicou dentro de três anos após a tomada de Thijs. Um relatório no *Financial Times* em 2015 comentou a dramática reviravolta: "A reviravolta do KBC fica mais evidente à medida que o banco se livra da triste crise... a geração de lucro estável fez maravilhas para a geração de capital. (...) Já com 1,8 vezes o valor contábil tangível para um retorno sobre o patrimônio de 17%, o KBC está ganhando bem rápido os atributos altamente cotados dos bancos escandinavos. Tente apontar outros bancos europeus na mesma posição."[3]

O sucesso da transformação cultural não surpreendeu Thijs porque ele fizera algo semelhante antes. Em 2009, quando assumiu o cargo de diretor-administrativo da filial belga, ele iniciou uma transformação cultural baseada nos mesmos princípios de empoderamento e responsabilidade. Descreveu a decisão de mudar a cultura na unidade belga da seguinte forma: "Em uma tarde de domingo, fui para casa e comecei a desenhar a 'estrela-guia' que orientaria minha equipe. Eu a chamei de SLIM, que significa 'enxuto' em inglês, mas 'inteligente' em holandês. A SLIM significava que os negócios seriam feitos de acordo com o bom senso e não com as regras. Se as regras são estúpidas, não siga as regras! É sua responsabilidade fazer sua parte, mas, se der errado, você pode culpar a cultura SLIM — é por minha conta." Em pequenos passos, a SLIM começou a mudar o pensamento e o mindset dos funcionários, encorajando-os a tomar iniciativa e a mudar as coisas sem medo de fracassar. Só porque algo foi feito de uma certa maneira durante anos não significava que fosse intocável. Os funcionários foram encorajados a desafiar tudo e a desenvolver novas e mais amigáveis maneiras de fazer as coisas que teriam um impacto significativo para o KBC Bank e para seus clientes. O sucesso da iniciativa na filial belga reforçou a crença de Thijs em seus princípios básicos e agiu como o plano para a introdução do PEARL em todo o grupo, três anos mais tarde. Sete anos depois, Thijs estava creditando o sucesso da transformação digital durante 2016-2020 à cultura PEARL. Em junho de 2020, uma nova estratégia de quatro anos foi anunciada e Thijs estava confiante de que, em 2025, ele estaria, mais uma vez, dando crédito por mais uma transformação bem-sucedida a essa mesma cultura. Como ele disse, uma vez que o DNA da empresa esteja certo, você pode confiar que tudo o que se seguirá será fundamentalmente bom. Nesse ponto, tudo o que você tem que fazer como líder é relaxar e ver sua equipe prosperar.

O que tem guiado as ações de Thijs ao longo dos anos é a mentalidade de "o cliente em primeiro lugar". Ele disse: "Temos que lembrar sempre que a razão da nossa existência é para nossos clientes. Estamos aqui para dar a eles conselhos sobre tudo que é importante e para fazer parte da vida deles. Enquanto vivermos segundo esse princípio, então é bastante óbvio o que o banco tem que fazer: apenas se adaptar às mudanças nas necessidades e expectativas dos clientes." Como é evidente pelo comportamento cotidiano dos funcionários, o princípio reside não apenas na cabeça de Thijs, mas também na cultura da empresa. Por exemplo, ao decidir que novos produtos oferecer ou como interagir com os clientes, os funcionários começariam as reuniões de equipe refletindo sobre como eles, como consumidores, estavam usando a tecnologia em suas vidas domésticas. Eles fariam perguntas como: "Como fazemos compras todos os dias? Como buscamos informações? Como nos comunicamos com os amigos? Como nos sentimos se nosso pedido da Amazon leva mais de 24 horas para chegar? Com que frequência usamos a Siri ou a Alexa? Qual é a diferença de uso da tecnologia por nossos filhos e por nós?", e assim por diante. Com base nesses insights, os funcionários decidem então o que o banco precisa fazer ao se perguntar: "O que isso significa para nosso banco? O que devemos mudar aqui para nos encaixarmos na vida dos consumidores?" O foco constante nos clientes e a paixão por proporcionar a melhor experiência ao cliente são o que orienta as ações do banco, sendo creditados como a principal razão do contínuo sucesso ao longo dos anos.

O que podemos aprender com o KBC Bank?

O exemplo do KBC Bank é uma boa maneira de resumir os elementos-chave que compõem a resposta à pergunta feita por este livro: como uma empresa se prepara para uma jornada de disrupção contínua? Como discutido no Capítulo 4, um passo fundamental é torná-la ágil o suficiente para identificar e responder a qualquer disrupção que a atinja. Como fazer isso? Certamente não é pedindo às pessoas para serem ágeis! Em vez disso, devemos encorajar todos na empresa a adotar os comportamentos diários que levarão à agilidade, que não é algo que podemos pedir às pessoas. É, ao contrário, um subproduto de algo mais específico: os comportamentos diários que nos tornarão ágeis. Considere como o KBC Bank conseguiu fazer isso. Ao encorajar os funcionários a permanecer próximos aos clientes (ou seja, integração local), a antecipar os comportamentos de mudança (ou seja, agilidade), a assumir a responsabilidade no desenvolvimento de soluções (ou seja, responsabilidade) e a fazê-lo por iniciativa própria (ou seja, empoderamento), Thijs colocou em prática os ingredientes de uma organização ágil. Mas como ele "incentivou" a equipe a adotar os comportamentos? Como já mencionamos, as pessoas não se comportam de maneira maravilhosa simplesmente porque lhes dizemos para fazê-lo, mesmo quando sabem que é a coisa certa a fazer. Para obter tais comportamentos, devemos primeiro criar o ambiente organizacional que vai apoiá-los e promovê-los, e estamos nos referimos tanto à cultura quanto aos incentivos, às estruturas, aos processos e às pessoas que apoiam os comportamentos de agilidade. Foi exatamente nisso que Thijs focou por meio da transformação cultural PEARL do banco. Ao implementar esse ambiente organizacional em 2012, ele foi capaz de empreender uma grande transformação em 2012-2016, outra em 2016-2020, e está confiante de que o mesmo ambiente vai alimentar a transformação de 2020-2025. Como ele disse, uma vez que o DNA da empresa esteja certo, você pode confiar que tudo o que se seguirá será fundamentalmente bom.

Como também discutimos no Capítulo 5, criar o ambiente organizacional que apoia e promove os comportamentos de agilidade não tem necessariamente que ser feito de forma centralizada e empreendido apenas pela diretoria. Gerentes espalhados por toda a empresa podem alcançar grandes mudanças em seus ambientes organizacionais locais por meio de algumas pequenas ações direcionadas. Feitas corretamente, as ações descentralizadas podem iniciar milhares de pequenos incêndios, que podem se alastrar e transformar o ambiente organizacional de toda a empresa. Foi o que Thijs fez no KBC Bank, mas, como discutimos no Capítulo 6, a abordagem descentralizada para mudar o ambiente organizacional não pode ser bem-sucedida a menos que parâmetros claros sejam colocados em prática para orientar os gerentes e os líderes de equipe sobre o que podem e o que não podem fazer sem a aprovação da diretoria. Há dois tipos de parâmetros que podem ser usados: a estratégia claramente comunicada da empresa e seus valores e objetivos. Como Johan Thijs defendeu tão apaixonadamente, o propósito que tem guiado a autonomia e a tomada de iniciativa no KBC Bank ao longo dos anos é: "O cliente em primeiro lugar" — algo enraizado no DNA da empresa e atuante como a estrela-guia do KBC Bank, não importa qual transformação esteja empreendendo.

O objetivo do banco serviu a um segundo papel: criou um desconforto perene com o status quo e deu aos funcionários uma razão positiva para lutar pela mudança. Como as necessidades e expectativas dos clientes mudam o tempo todo, a implicação foi que o KBC Bank também teve que mudar o tempo todo para se manter à frente dos clientes e para honrar seu propósito. Nos Capítulos 2 e 3, argumentamos que, a fim de preparar a empresa para a mudança contínua, devemos primeiro expor a disrupção como uma ameaça e uma oportunidade, mas depois gastar a maior parte do tempo e da energia tentando convencer as pessoas de que se trata, de fato, de uma oportunidade. Também discutimos que é preciso criar o tipo certo de urgência na empresa, dando às pessoas uma meta positiva a ser visada e, em seguida, fazendo da necessidade de mudança algo pessoal e emocional. O propósito do KBC Bank representa uma meta positiva a ser visada e apresenta a necessidade de mudança como uma oportunidade para se correr atrás. Naturalmente, Thijs ainda precisava "vender" a meta à equipe para ganhar o compromisso emocional. Não sabemos se ele fez isso ou como, mas, a julgar pelos resultados, podemos ter a certeza de que as pessoas a compraram.

Os ingredientes para uma transformação bem-sucedida

O que temos ressaltado até agora são razões importantes para o sucesso das numerosas transformações do KBC Bank ao longo dos anos. É claro que não é uma lista exaustiva — por exemplo, não examinamos as estratégias específicas que o banco adotou ao longo dos anos, as quais, obviamente, também são ingredientes importantes para o sucesso. Há muitos fatores que influenciam o resultado de qualquer tentativa de transformação, e acredito que a maioria pode ser alocada em três grandes categorias. Como mostrado na Figura 11.1, elas são o *motivo*, a *escolha* e a *maneira* da transformação. O *motivo* é a razão que damos à equipe para empreender mais uma transformação, e essa razão precisa ser positiva e "vendida" às pessoas para que elas a comprem. A *escolha* é a estratégia que vamos adotar, específica à disrupção a que estamos respondendo, mas, em geral, tem que ser inovadora e deve nos permitir não apenas nos defender contra a disrupção, mas também explorá-la. Além disso, a estratégia deve ser claramente comunicada aos funcionários, de modo a ganhar adesão. A *maneira* se refere ao apoio organizacional necessário para executar a estratégia de resposta. Isso envolve o desenvolvimento de um ambiente organizacional que promova os comportamentos de agilidade e apoie a estratégia escolhida.

Figura 11.1 — Os ingredientes para uma transformação bem-sucedida

Se os três elementos forem colocados em prática, a probabilidade de sucesso é alta. Se usarmos apenas dois, mas o *motivo* estiver faltando, é provável que sejamos desmotivados na execução da estratégia. Se a *escolha* estiver faltando, teremos muitas pessoas motivadas e empolgadas quebrando a cabeça para realizar a estratégia. Se a maneira estiver em falta, teremos uma empresa frustrada e desmotivada. Se dois elementos quaisquer forem deixados de fora, o fracasso é quase garantido. Escusado será dizer que, para o desenvolvimento e a implementação correta dos três, um pré-requisito é uma liderança forte. Mas essa é uma discussão para outro livro.

Referências

Capítulo 1

1. Austin Carr e Dina Bass. The most valuable Company (for now) is having a Nadellaissance. *Bloomberg Business Week*, 2 maio 2019.
2. Declan Butler. Tomorrow's world. *Nature*, v. 530, p. 399-401, 25 fev. 2016.
3. Scott D. Anthony e Paul Michelman. The lies leaders tell themselves about disruption. Three Big Points Podcast, *Sloan Management Review*, 3 mar. 2020.
4. Constantinos Markides e David Lancefield. How to convince people that a crisis is also an opportunity. *Forbes*, 28 abr. 2020.
5. Jeffrey Pfeffer e Robert Sutton. *The Knowing-Doing Gap: How smart companies turn knowledge into action*. Boston, MA: HBS Press, 1999.
6. Princípio que sustenta o trabalho de Richard Thaler e Cass Sunstein. *Nudge: Improving decisions about health, wealth and happiness*. Londres: Penguin Books, 2009.

Capítulo 2

1. Julie Miller. Matthew McConaughey has come to terms with Lance Armstrong's doping confession. *Vanity Fair*, 22 mar. 2013.
2. Christopher Bryan, Gabrielle Adams e Benoît Monin. When cheating would make you a cheater: Implicating the self prevents unethical behaviour. *Journal of Experimental Psychology: General*, v. 142, n. 4, p. 1001-1005, 2013.

3. Paul O'Keefe, Carol Dweck e Gregory Walton. Implicit theories of interest: Finding your passion or developing it? *Psychological Science*, v. 29, n. 10, p. 1653-1664, 2018.
4. Como descrito em Barbara J. McNeil, Stephen G. Pauker, Harold Sox e Amos Trevsky. On the elicitation of preferences for alternative therapies. *The New England Journal of Medicine*, v. 306, n. 21, p. 1259-1262, 27 maio 1982.
5. Clark Gilbert e Joseph Bower. Disruption: The art of frame. *Harvard Business School Working Knowledge*, 10 jun. 2002; Clark Gilbert. The disruption opportunity. *Sloan Management Review*, v. 44, n. 4, 2003.
6. Clark Gilbert e Joseph Bower. Disruption: The art of frame. *Harvard Business School Working Knowledge*, 10 jun. 2002; Clark Gilbert: The disruption opportunity. *Sloan Management Review*, v. 44, n. 4, 2003.
7. Clayton Christensen. *The Innovator's Dilemma: When new technologies cause great firms to fail*. Boston, MA: Harvard Business School Press, 1997.
8. Clark Gilbert. The disruption opportunity. *Sloan Management Review*, v. 44, n. 4. 2003.
9. Scott Anthony, Clark Gilbert e Mark Johnson. *Dual transformation: How to reposition today's business while creating the future*. Boston, MA: Harvard Business Review Press, 2017.
10. Clayton Christensen. *The Innovator's Dilemma: When new technologies cause great firms to fail*. Boston, MA: Harvard Business School Press, 1997.
11. Clayton Christensen. *The Innovator's Dilemma: When new technologies cause great firms to fail*. Boston, MA: Harvard Business School Press, 1997; Clark Gilbert e Joe Bower. Disruptive change: When trying harder is part of the problem. *Harvard Business Review*, p. 3-8, maio de 2002.

12. Michael Porter. *Competitive advantage*. Nova York: Free Press, 1985, p. 514.
13. Byron Reese. AI will create millions more jobs than it will destroy. *Singularity Hub*, 1º jan. 2019.
14. Clark Gilbert e Joe Bower. Disruptive change: When trying harder is part of the problem. *Harvard Business Review*, p. 3-8, maio 2002.

Capítulo 3

1. Alan Deutschman. *Change or Die: Could you change when change matters most?* Nova York: Regan Books, 2007.
2. John Kotter. *Leading Change*. Boston, MA: HBS Press, 1996.
3. Chip Heath. Making the emotional case for change: An interview with Chip Heath. *McKinsey Quarterly*, n. 2. 2010.
4. David S. Pottruck. *Driving Disruption: An operator's manual*. São Francisco, CA: Maroch Hale Publishing House, 2019, p. 59-60.
5. Angela Freymuth e George Ronan. Modeling patient decision-making: The role of base-rate and anecdotal information. *Journal of Clinical Psychology in Medical Settings*, v. 11, n. 3, set. 2004.
6. Nancy Pennington e Reid Hastie. Explanation-based decision-making: Effects of memory structure on judgment. *Journal of Experimental Psychology: Learning, Memory and Cognition*, v. 14, p. 521-533, 1988.
7. Everett M. Rogers. *Diffusion of Innovations*. 5ª ed. Nova York: Free Press, 2003.

Capítulo 4

1. Não sabemos ao certo como Gauss encontrou a resposta para o problema. O relato aqui apresentado é uma das muitas possibilidades. Para uma abordagem ampla do tópico, ver

Brian Hayes. Gauss's day of reckoning. *American Scientist*, v. 94, p. 200-205, maio/jun. 2006.

2. Gary Pisano. The hard truth about innovative cultures. *Harvard Business Review*, p. 62-71, jan/fev. 2019.
3. Constantinos Markides, Daniel Oyon, Mael Schnegg e Tony Davila. Firms need new ways to monitor their environment. *Think at London Business School*, 12 ago. 2019.
4. Howard Yu e Mark Greeven. How autonomy creates resilience in the face of crisis. *MIT Sloan Management Review*, 23 mar. 2020.
5. Tom McNichol. Roads gone wild. *Wired*, 12ª ed., 12 dez. 2004.
6. A seção que se segue e a seguinte foram originalmente publicadas em: Costas Markides e Anita McGahan. Achieving change that lasts. *Think at London Business School* (antes *London Business School Review*) © London Business School 2015. Reproduzido com permissão.
7. Connecticut hit-and-run. Where have all the Samaritans gone? *The Guardian*, 5 jun. 2008.
8. 37 who saw the murder didn't call the police. *The New York Times*, p. 1, 27 mar. 1964.
9. Steve Lee Myers. China created a fail-safe system to track contagions. It failed. *The New York Times*, 29 mar. 2020.
10. Jeffrey Pfeffer e Robert Sutton. *The Knowing-Doing Gap: How smart companies turn knowledge into action*. Boston, MA: Harvard Business Review Press, 1999.
11. Lee Ross e Richard E. Nisbett. *The Person and the Situation: Perspectives of social psychology*. Nova York: McGraw-Hill, 1991.
12. Steven Levitt e Stephen Dubner. *Freakonomics*. Nova York: William Morrow, 2005; Steven Levitt e Stephen Dubner. *Think Like a Freak*. Nova York: William Morrow, 2014.

13. Nick Budnick. One meth problem leads to another. *The West Linn Tidings*, 29 nov. 2007. Atualizado em 30 out. 2009.
14. *Ibid.*
15. *Ibid.*
16. *TIME*, 14 mar. 2011, p. 15.
17. Jay W. Forrester. *The Collected Papers of Jay W. Forrester*. Cambridge, MA: Wright-Allen Press, capítulo 14, p. 220, 1975.
18. Michael Mankins e Eric Garton. How Spotify balances employee autonomy and accountability. *Harvard Business Review*, 9 fev. 2017.
19. Uma descrição mais longa sobre a Leclerc pode ser encontrada em meu livro: Costas Markides. *All the Right Moves: A guide to crafting breakthrough strategy*. Boston, MA: Harvard Business School Press, 2000, p. 109-111.

Capítulo 5

1. Suzanne Smalley. Always on my mind. *Newsweek*, 31 jan. 2009.
2. *Ibid.*
3. Princípio que sustenta o trabalho de Richard Thaler e Cass Sunstein em *Nudge: Improving decisions about health, wealth and happiness*. Londres: Penguin Books, 2009.
4. As ideias apresentadas nesta seção foram originalmente publicadas em: Costas Markides e Anita McGahan. What if small changes really could change the world? *Think at London Business School* (antes *London Business School Review*) © London Business School, 2015. Reproduzido com permissão.
5. The Gallup Organization. *The American public's attitude toward organ donation and transplantation*. Gallup Organization, Princeton, NJ, 1993.
6. Eric J. Johnson e Daniel Goldstein. Do defaults save lives? *Science*, v. 302, n. 21, p. 1338-1339, nov. 2003.

7. John M. de Castro. Eating behaviour: Lessons from the real world of humans. *Nutrition*, v. 16, n. 10, p. 800-813, 2000.
8. *Ibid*, p. 804.
9. As ideias apresentadas nessa seção foram originalmente publicadas em: Costas Markides e Anita McGahan. What if small changes really could change the world? *Think at London Business School* (antes *London Business School Review*) © London Business School, 2015. Reproduzido com permissão.
10. No período entre 1992-1997, os assassinatos na cidade de Nova York diminuíram em 64% e o total de crimes diminuiu em cinquenta. Ver Malcolm Gladwell. *The Tipping Point*. Nova York: Little, Brown and Company, 2000, p. 5-6.
11. Todos os exemplos vêm de Richard Thaler e Cass Sunstein. *Nudge: Improving decisions about health, wealth and happiness*. Londres: Penguin Books, 2009.
12. Um excelente livro que fornece um resumo dos experimentos em psicologia social é: Lee Ross e Richard E. Nisbett. *The person and the Situation: Perspectives of social psychology*. Boston, MA: McGraw-Hill, 1991.
13. J. Philippe Rushton e Anne C. Campbell. Modeling, vicarious reinforcement and extroversion on blood donating in adults: Immediate and long-term effects. *European Journal of Social Psychology*, v. 7, p. 297-306, 1977.
14. Richard Miller, Phillip Brickman e Diana Bolen. Attribution versus persuasion as a means of modifying behavior. *Journal of Personality and Social Psychology*, v. 3, p. 430-441, 1975.
15. Embora os estudos da Hawthorne venham sendo criticados por falhas metodológicas, ninguém contesta o fato de que foram alcançados aumentos drásticos na produtividade dos trabalhadores. As falhas metodológicas dificultam a explicação do porquê. Ver nota 12, Ross e Nisbett, p. 210-212.
16. Lester Coch e John French Jr. Overcoming resistance to change. *Human Relations*, v. 1, p. 512-532, 1948.

17. Christopher Bryan, Gabrielle Adams e Benoît Monin. When cheating would make you a cheater: Implicating the self prevents unethical behaviour. *Journal of Experimental Psychology: General*, v. 142, n. 4, p. 1001-1005, 2013.
18. Itamar Simonson e Amos Tversky. Choice in context: Tradeoff contrast and extremeness aversion. *Journal of Marketing Research*, v. 29, n. 3, p. 281-295, 1992.
19. George Land e Beth Jarman. *Breakpoint and Beyond: Mastering the future today*. Nova York: HarperBusiness, 1992.
20. Scott Lilienfeld e Hal Arkowitz. Why "Just say no" does not work. *Scientific American*, 1º jan. 2014.
21. Daniel Pink. *Drive: The surprising truth about what motivates us*. Nova York: Riverhead Books, 2009.
22. Kyungjoo Lee, John Brownstein, Richard Mills e Isaac Kohane. Does collocation inform the impact of collaboration? *PLoS ONE*, 15 dez. 2010.
23. David Shaffer. Building 20: What made it so special and why it will (probably) never exist again. *DJC Oregon*, 19 jun. 2012.
24. Pixar headquarters and the legacy of Steve Jobs. *Office Snapshots.com*, 16 jul. 2012.
25. Jay W. Forrester. *The Collected Papers of Jay W. Forrester*. Cambridge, MA: Wright-Allen Press, capítulo 14, p. 220, 1975.

Capítulo 6

1. Esta seção foi originalmente publicada como Three reasons why your strategy could fail. *Think at London Business School*, © London Business School 2020. Reproduzido com permissão.
2. Tim Devinney. When CEOs talk strategy, is anyone listening? *Harvard Business Review*, v. 91, n. 6, p. 28, jun. 2013.

3. Por exemplo, William Schiemann descobriu que apenas 14% das empresas que ele pesquisou relataram que os funcionários tinham uma boa compreensão da estratégia e da direção. Essa estatística é relatada em William Schiemann. Aligning performance management with organizational strategy, values and goals, capítulo 2, p. 45-88 em James Smither e Manuel London. *Performance Management: Putting research into action*. São Francisco, CA: John Wiley & Sons, 2009. Outro estudo realizado pela empresa de consultoria Watson Wyatt relatou que apenas 10% dos funcionários e 40% dos gerentes entendiam a estratégia de sua empresa.
4. Costas Markides. What is strategy and how do you know if you have one? *Business Strategy Review*, v. 15, n. 2, p. 5-12, 2004. Uma abordagem mais detalhada pode ser encontrada em Costas Markides. *All the Right Moves: A guide to crafting breakthrough strategy*. Boston, MA: HBS Press, 2000.
5. Michael Porter. What is strategy? *Harvard Business Review*, v. 74, n. 6, p. 61-78, nov/ dez. 1996.
6. Costas Markides. Three Reason Why Your Strategy Could Fail. *London Business School*, 2020. Disponível em: www.london.edu/think/three-reasons-why-your-strategy-could-fail (arquivado em https://perma.cc/3SKK-LUSW). Este artigo apareceu pela primeira vez em *Think at London Business School*. © London Business School 2020. Reproduzido com permissão.
7. Freek Vermeulen. Many strategies fail because they are not actually strategies. *Harvard Business Review*, edição online, 8 nov. 2017.
8. Chip Heath e Dan Heath. *Switch: How to change things when change is hard*. Nova York: Crown Business, 2010.
9. Gregory Northcraft e Margaret Neale. Opportunity costs and the frame of resource allocation decisions. *Organizational*

Behavior and Human Decision Processes, v. 37, p. 348-356, 1986.

10. Costas Markides. Strategy is making choices: A discussion with John Bachmann, managing principal of Edward Jones. *European Management Journal*, v. 17, n. 3, p. 275-281, jun. 1999.
11. Cathy O'Dowd. *Just for the Love of It*. Free to Decide Publishing, 1999.
12. Gallup. *State of the Global Workplace*, 2017.
13. Constantinos Markides e Vassilis Papadakis. What constitutes an effective mission statement: An empirical investigation, capítulo 3, p. 33-54 em Michael Hitt, Joan Ricart I Costa e Robert Nixon (ed.). *New Managerial Mindsets: Organizational Transformation and Strategy Implementation, Chichester*. UK: John Wiley & Sons Ltd, 1998.
14. Chip Heath e Dan Heath. The curse of knowledge. *Harvard Business Review*, p. 20-22, dez. 2006.

Capítulo 7

1. Este relato é baseado no estudo de caso de Daniel Oyon, Costas Markides e L. Duke. *The battle for the wrist: Tag Heuer and the Connected watch*. London Business School, 2016. Reproduzido com permissão.
2. James Shotter e Tim Bradshaw. Apple Watch starts countdown on face off with Swiss industry. *Financial Times*, 2014. Disponível em: www.ft.com/content/2421ccd0-5dca-11e4-897f-00144feabdc0 (arquivado em https://perma.cc/VBW3-3F5P).
3. Dan Howarth. "We set out to create the best watch in the world" says Apple's Tim Cook. *Deezen.com*, 2014. Disponível em: www.dezeen.com/2014/09/09/apple-watch-unveiled/ (arquivado em https://perma.cc/2R8W-LU96).

4. James Shotter e Tim Bradshaw. Apple Watch starts countdown on face off with Swiss industry. *Financial Times*, 2014. Disponível em: www.ft.com/content/2421ccd0-5dca-11e4-897f-00144feabdc0 (arquivado em https://perma.cc/VBW3-3F5P).
5. S. Peca. Jean-Claude Biver: "Il y a forcément des dissidents" chez Tag Heuer. *Le Temps*, 17 dez. 2014.
6. Andrew Hoyle. TAG Heuer Connected Watch review: The most fashionable Android Wear watch comes at a price. *CNET*, 2016. Disponível em: www.cnet.com/products/tag-heuer-connected-watch/ (arquivado em https://perma.cc/8QMR-TEYB).
7. Robin Swithinbank. TAG Heuer's revolution: It's a smartwatch. It's a mechanical watch, too. *The New York Times*, 2017. Disponível em: www.nytimes.com/2017/03/23/fashion/watches-smartwatches-tag-heuer.html?_r=1 (arquivado em https://perma.cc/VJX3-HX2R).
8. Sophie Charara. The Apple Watch won but TAG Heuer is keeping a certain kind of smartwatch alive. *Wired*, 12 mar. 2020.
9. Clark Howard. Travellers Aid tips and resources to help you along budget traveller. *The Atlanta Journal — Constitution*, 1º jan. 1995.
10. Este relato é baseado no estudo de caso de Daniel Oyon, Costas Markides e Laura Winig. *Edipresse: Responding to a strategic innovation*. London Business School, 2008. Reproduzido com permissão.
11. Victoria Barret. Disrupting the disruptor. *Forbes.com*, 20 maio, 2009.
12. Constantinos Charitou e Costas Markides. Responses to disruptive strategic innovation. *Sloan Management Review*, v. 44, n. 2, p. 55-63, 2003.

13. Clayton Christensen. *The Innovator's Dilemma: When new technologies cause great firms to fail.* Boston, MA: Harvard Business School Press, 1997; Clark Gilbert e Joseph Bower. Disruptive change: When trying harder is part of the problem. *Harvard Business Review*, p. 3-8, maio, 2002.
14. Ryan Browne. One of Britain's largest banks tried to rival fintechs like Monzo and Revolut — here's why it has failed. *CNBC.com*, 1° maio, 2020.
15. *Ibid.*

Capítulo 8

1. Willy Shih. The real lessons from Kodak's decline. *Sloan Management Review*, p. 10-13, 2016; Scott Anthony. Kodak's downfall wasn't about technology. *Harvard Business Review*, edição digital, 15 jul. 2016; Chunka Mui. How Kodak failed. *Forbes*, 18 jan. 2012.
2. Greg Satell. How Blockbuster, Kodak and Xerox really failed (It's not what you think). *Inc*, 7 jul. 2018.
3. Stephen McBride. Walmart has made a genius move to beat Amazon. *Forbes*, 8 jan. 2020.
4. Jack Ewing. The car industry is under siege. *The New York Times*, 6 jun. 2019.
5. Karen Weise. Amazon's profit falls sharply as company buys growth. *The New York Times*, 24 out. 2019.
6. Stephen McBride. Walmart has made a genius move to beat Amazon. *Forbes*, 8 jan. 2020.
7. Este relato é baseado no estudo de caso de Daniel Oyon, Costas Markides e Lisa Duke. NayaMed (A). *London Business School*, 2015.
8. Stephen Wunker. Five approaches when you need costovation, not innovation. *Forbes*, 10 dez. 2013.
9. US ad spending by media. *eMarketer*, ago. 2013.

10. Nic Fildes e Tom Wilson. Vodafone targets Africa's unbanked with ambitious plans for M-Pesa. *Financial Times*, 18 dez. 2019.
11. Toyota to build 'city of the future' at the base of Mount Fuji. *The Japan Times*, 7 jan. 2020.
12. Tatiana Darie. Apple's healthcare take could be $313 billion by 2027, analysts say. *Fortune*, 8 abril 2019.
13. Tim Bradshaw e Robert Armstrong. Google in talks to move into banking. *Financial Times*, 13 nov. 2019.
14. Seth Schiesel. Amazon pushes into making video games, not just streaming their play. *The New York Times*, 2 abril. 2020.
15. Patrick Lucas Austin. Sony showed up to CES with a radically different concept car. A top executive told us why. *Time*, 14 jan. 2020.
16. Mark van Rijmenam. John Deere is revolutionizing farming with big data. *Datafloq*, 21 fev. 2013.
17. Uma nova e intrigante técnica recentemente desenvolvida se baseia no aproveitamento das próprias crenças ou das crenças equivocadas de seus rivais. Veja o trabalho de Jules Goddard, Julian Birkinshaw e Tony Eccles. Uncommon sense: How to turn distinctive beliefs into action. *Sloan Management Review*, v. 53, n. 3, p. 32-39, 2012.
18. Chan Kim e Renée Mauborgne. *Blue Ocean Strategy*, Boston, MA: HBS Press, 2005.
19. Gary Hamel e C.K. Prahalad. *Competing for the Future*, Boston, MA: HBS Press, 1994.
20. Adam Brandenburger. Strategy needs creativity. *Harvard Business Review*, p. 2-9, mar/abril, 2019.
21. Edward de Bono. *Six Thinking Hats*. Londres: Penguin Life, 2016.
22. Ranjay Gulati e Jason Garino. Get the right mix of bricks and clicks. *Harvard Business Review*, p. 107-114 maio/jun. 2000.

23. Veja, por exemplo, Paul Geroski. What do we know about entry? *International Journal of Industrial Organization*, v. 13, p. 421-440, 1995; Paul Geroski. *Market Dynamics and Entry*. Oxford, Reino Unido: Basil Blackwell, 1991.
24. Costas Markides e Daniel Oyon. Changing the strategy at Nespresso: An interview with former CEO Jean Paul Gaillard. *European Management Journal*, v. 18, n. 3, p. 296-301, 2000.

Capítulo 9

1. O relato aqui apresentado é baseado no estudo de caso de Thomas Eisenmann e Laura Winig. Rent the Runway. *Harvard Business School*, n. 9-812-077, revisado em 17 dez. 2012.
2. O conceito de produto mínimo viável (MVP) é de Eric Ries. *The Lean Startup*. Nova York: Crown Business, 2011.
3. Nossa abordagem de experimentação aqui será, por necessidade, breve e se concentrará principalmente em como testar por meio de estratégia (em vez de produtos ou ideias). Há uma rica literatura sobre como conduzir experimentos comerciais inteligentes; os interessados podem ler o trabalho de Stefan Thomke. *Experimentation Matters*, Boston, MA: HBR Press, 2003. Assim como o de Stefan Thomke e Jim Manzi. The discipline of business experimentation. *Harvard Business Review*, dez. 2014; e o de Eric Anderson e Duncan Simester. A step-by-step guide to smart business experiments. *Harvard Business Review*, mar. 2011.
4. Rita Gunther MacGrath e Ian MacMillan. Discovery driven planning. *Harvard Business Review*, p. 44-54, jul-ago. 1995.
5. Tim Hartford. Monty Hall and the game show stick-or-switch onion puzzle. *Financial Times*, 6 out. 2017.
6. Por exemplo, aqui vai o jogo da roleta-russa: você tem uma arma com seis câmaras. Há três balas na arma, todas dispostas em ordem consecutiva. Você jogará com a arma e poderá escolher entre duas opções. Na primeira opção, você gira o

cilindro e depois coloca a arma na cabeça e puxa o gatilho. Em seguida, gira o cilindro novamente e puxa o gatilho uma segunda vez. Você gira o cilindro uma última vez e puxa o gatilho de novo. Na segunda opção, gira o cilindro e depois coloca a arma na cabeça. Em seguida, atira três vezes seguidas sem girar a câmara novamente. Qual opção você prefere? Se for bom com probabilidades, provavelmente encontrará a resposta certa bem depressa. Mas evidências mostram que a maioria das pessoas prefere a primeira opção, que é a opção errada. Um experimento rápido permitirá que você entenda com mais clareza por que é errada.

7. Ko Kuwabara. Building success habits: Networking and the science of selfchange. *Columbia Business School*, estudo de caso ID#CU189, 28 set. 2017.

Capítulo 10

1. Matthew Campbell e Corinne Gretler. Nestlé wants to sell you both sugary snacks and diabetes pills. *Bloomberg.com*, 5 maio. 2016.
2. David E. Bell e Mary Shelman. *Nestlé*. Estudo de caso 9-509-001 da Harvard Business School, revisado em 15 out. 2012.
3. Os termos sustentável e disruptivo foram cunhados por Clayton Christensen em seu trabalho sobre inovação disruptiva. Ver Clayton Christensen. *The Innovator's Dilemma*. Boston, MA: Harvard Business School Press, 1997.
4. Elliot Maras. An insider's view of WalMart's digital transformation. *Retail Customer Experience*, 21 fev. 2019; Pamela Danziger. WalMart doubles down on its transformation into a technology company. *Forbes*, 22 out. 2018.
5. Richard Waters. FT Person of the Year: Satya Nadella. *Financial Times*, 18 dez. 2019.
6. Charlene Li. *The Disruption Mindset*. Washington, D.C.: IdeaPress Publishing, p. 47, 2019.

7. *Ibid*, p. 41.
8. Mark Sweney: Studios bypass cinemas with lucrative lockdown premieres. *The Guardian*, edição do Reino Unido, 2 maio. 2020.
9. Clayton Christensen. The Innovator's Dilemma: When new technologies cause great firms to fail, Boston, MA: Harvard Business School Press, 1997; Clark Gilbert e Joseph Bower. Disruptive change: When trying harder is part of the problem. *Harvard Business Review*, p. 3-8, maio, 2002; Clark Gilbert, Matthew Eyring e Richard Foster: Two routes to resilience. *Harvard Business Review*, dez. 2012.
10. B. Harreld. Which businesses to grow? Which not? *Across the Board*, p. 9-10, nov/dez. 2004.
11. Charles O'Reilly III e Michael Tushman. The ambidextrous organization. *Harvard Business Review*, v. 82, n. 4, p. 74-81, 2004.
12. Clark Gilbert e Joseph Bower. Disruptive change: When trying harder is part of the problem. *Harvard Business Review*, p. 3-8, maio, 2002.
13. Sumantra Ghoshal e Lynda Gratton. Integrating the enterprise. *Sloan Management Review*, v. 44, n. 1, p. 31-38, 2003.
14. VG Govindarajan e Chris Trimble. Ten Rules for Strategic Innovators: From idea to execution. Boston, MA: HBS Press, 2005.

Capítulo 11

1. John Manning. For KBC, Europe's leading bank-insurer, digital first means customer first. *International Banker*, 1° abril, 2019.
2. *Ibid*.
3. Lex. High hopes for banking in the low countries. *Financial Times*, 18 maio, 2015.